Inhaltsüb

Vorwort zur 6. Auflage

Wir sind sehr erfreut, das vorliegende Skript "Die erste Strafrechtshausarbeit - Grundlagen und Musterhausarbeiten" nunmehr in der sechsten Auflage präsentieren zu können. Die Neuauflage bietet einen aktuellen Stand der Musterhausarbeiten.

Das Skript ist wie gewohnt für juristische *Studienanfänger* bestimmt und soll sich deshalb nur an deren Belangen orientieren. Es ist nicht als hochgradig juristisches Lehrbuch gedacht, sondern will vielmehr dem Einsteiger helfen, die erste Strafrechtshausarbeit zu verfassen und auch gut zu bestehen.

Hat man die erste Vorlesungszeit hinter sich gebracht und „freut" sich nun auf die scheinbar unendlich langen „Semesterferien", so ist diese Freude bei den meisten Juristen nur von kurzer Dauer, denn im Jurastudium gibt es keine wirklichen Semester-Ferien. Zumindest war es bei uns beiden der Fall und so ist es wohl auch bei den meisten anderen. Denn in dieser Zeit heißt es, sich mit einer juristischen Hausarbeit auseinander zu setzen. Der Sachverhalt ist schnell abgeholt, und nun sitzt man da und überlegt sich, wie man eine gute Lösung auf das Papier bringt.

Wahrscheinlich gibt es an allen Universitäten Einführungsveranstaltungen zu dem Thema „Die juristische Hausarbeit", eine wirkliche Hilfe wird durch derartige Veranstaltungen selten gegeben. Orientierungshilfen bieten vielmehr Hausarbeiten älterer Semester, an denen sich fast jeder Student „entlanghangelt".

Dieses Skript soll durch die umfassende Sammlung verschiedener Strafrechtsprobleme, die in einer Anfängerhausarbeit thematisiert werden könnten, dieser Orientierungslosigkeit entgegenwirken. Im Folgenden sind zunächst allgemeine Grundsätze sowie Hinweise zum Verfassen von Strafrechtshausarbeiten genannt und anschließend fünf Hausarbeiten abgedruckt, mit denen die Arbeit hoffentlich erleichtert wird.

An dieser Stelle möchten wir unseren Dank folgenden Personen aussprechen, ohne deren Mithilfe die Veröffentlichung dieses Skriptes nicht möglich gewesen wäre:

Prof. Dr. Fritz Jost, Prof. Dr. Wolfgang Schild, Prof. Dr. Otto Backes, RA Dr. Tido Park, Prof. Dr. Callies, Volker Siebert, Björn Kerbein, Anke Dörner, Judith Warner sowie Simon Stark von der Uni Bochum.

Bielefeld / Hamburg / Dortmund, im Juni 2009

Dr. Mark Oelmüller   **Dr. Thomas Peters**

1. Teil: Grundlagen

I. Die ersten Schritte

1. Der Sachverhalt

Hat man sich den Sachverhalt abgeholt, heißt es erst einmal *lesen und verstehen*. Dabei ist auf „versteckte Hinweise" besonders zu achten. Denn übersieht man solche, so gerät man schnell auf eine falsche Bahn. Normalerweise sind alle Sachverhaltsangaben in dem späteren Gutachten zu verarbeiten.

2. Grobe Lösungsskizze erstellen

Nun gilt es einen Platz zu finden, an dem man ungestört mit seinen Kommilitonen diskutieren kann und überlegt, welche Tatbestände betroffen sein könnten. Dabei kann man durchaus die Ideen der anderen beachten, sollte sich allerdings nicht immer wieder von seinem eigenen Lösungsweg abbringen lassen.

Natürlich ist die Lösungsskizze nicht sofort bis in das kleinste Detail anzufertigen. Wichtig ist nur, dass eine Grobskizze erstellt wird, die durch die weitere Bearbeitung ständig verfeinert wird.

3. Gutachten erstellen

Dann ist es an der Zeit: Man nimmt seinen Entwurf der Lösung und geht in die Bibliothek, um die einzelnen Probleme zu erforschen. Dabei nimmt man sich zunächst einen Teil heraus und fängt an. Tja, wie fängt man an? Das wollen wir mit diesem Skript natürlich erklären.

Es gibt viele Hilfen. Für den Prüfungsaufbau der einzelnen Tatbestände ist die Schematareihe - *Die Schemata; Juristische Studienhilfen; Band 2* - empfehlenswert. In diesem Band sind zu allen Tatbeständen die jeweiligen Prüfungsreihenfolgen abgedruckt. Diese Schematareihe wird auch noch im weiteren juristischen Studium hilfreich sein.

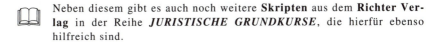 Neben diesem gibt es auch noch weitere **Skripten** aus dem **Richter Verlag** in der Reihe *JURISTISCHE GRUNDKURSE*, die hierfür ebenso hilfreich sind.

II. Der Aufbau einer Hausarbeit

Schon bei den Formalia einer Hausarbeit gibt es Vorschriften, teils stillschweigende, teils auf dem Sachverhalt abgedruckte.
Die einzelnen Teile der Hausarbeit sind in folgender Reihenfolge anzuordnen:

1. Deckblatt
2. Sachverhalt
3. Gliederung
4. Literaturverzeichnis
5. Gutachten mit anschließender Unterschrift

zu 1: Das *Deckblatt* sollte wie folgt aufgebaut sein:

Name
Anschrift
Semesterzahl
Matrikelnummer

Übung im Strafrecht für Anfänger
Prof. Dr. Hasenbein
WS 2009/2010
Hausarbeit

zu 2: Der *Sachverhalt* ist in Originalform zu übernehmen und stellt die zweite Seite der Hausarbeit dar.

zu 3: Die *Gliederung* vermittelt dem Leser einen Überblick über das Gutachten und zeigt ihm die gedankliche Abfolge der Prüfung. Dabei ist zu beachten, dass in der Juristerei der Aufbau nach einem strengen Muster erfolgt, nämlich dem **alphanumerischen** System, das dem Dezimalsytem vorzuziehen ist.

Das alphanumerische System gliedert sich wie folgt:

Teil 1, A, I, 1, a, aa, (1), (a), (aa).

Wichtig ist, dass einem Gliederungspunkt mindestens ein weiterer auf derselben Gliederungsebene folgt („wer A sagt, muss auch B sagen; wer I sagt, muss auch II sagen usw.").

Jeder Gliederungspunkt ist mit einer Überschrift zu versehen, z.b.:

A. Strafbarkeit des Y gem. § 212 StGB

zu 4: In das *Literaturverzeichnis* ist die gesamte Literatur aufzunehmen, die in den Fußnoten des Gutachtens zitiert wird. Hierbei sind Kommentare, Lehrbücher, Festschriften, Aufsätze, Anmerkungen zu Urteilen und Dissertationen aufzunehmen. Hingegen gehören zitierte Gerichtsentscheidungen und Fundstellen der zitierten Gesetze nicht in das Verzeichnis.

Der Aufbau sollte alphabetisch nach dem Namen der Verfasser erfolgen. Eine Untergliederung zwischen Kommentaren, Lehrbüchern usw. ist dabei nicht erforderlich, wird sogar nur ungern gesehen. Ein Beispiel ist hinter den abgedruckten Musterhausarbeiten zu finden.

Beachte: Skripten der verschiedenen Repetitorien und auch diese Reihe, JURISTISCHE GRUNDKURSE, sind **nicht zitierfähig.** Das bedeutet man darf sie nicht in Fußnoten zitieren und daher auch nicht im Literaturverzeichnis anführen!

Das hat aber einen großen Vorteil. Man kann aus diesen Werken "Anregungen für Formulierungen, Streitstanddarstellungen" usw. ohne Angabe einer Quelle verwerten!

zu 5: Bei dem *Gutachten* ist das DIN A4-Blatt in der Regel **einseitig**, mit der Schriftgröße **12 pt,** einem Zeilenabstand von **1,5** und mindestens einem linksseitigen Rand von **1/3 (7cm)** zu bedrucken. Die Überschriften im Gutachten müssen denen der Gliederung entsprechen. Die einzelnen Seiten sind mit Seitenzahlen zu versehen.

III. Die Strafrechtshausarbeit

An dieser Stelle sollen kurz wichtige Standardformulierungen dargestellt und anfängerspezifische Probleme gelöst werden.

Folgender Fall ist den Beispielen zugrunde gelegt:

A schießt vorsätzlich mit einem Revolver auf B. B wird dabei tödlich am Hinterkopf getroffen.

1. Der Gutachtenstil

Wichtig bei den juristischen Hausarbeiten ist die strenge Einhaltung des sogenannten „Gutachtenstils". Einer der häufigsten Fehler besteht darin, in den verpönten Urteilsstil zu verfallen. Beim Urteilsstil wird ein Ergebnis vorweggenommen und anschließend begründet.

So heißt es beispielsweise im Gutachtenstil: „Durch den Schuss auf B könnte A sich des Totschlags gem. § 212 I StGB strafbar gemacht haben" und nicht wie im Urteilsstil „A hat sich des Totschlags gem. § 212 I StGB strafbar gemacht, weil er auf den B geschossen hat". Gutachtenstil heißt demnach zu subsumieren (lat.: unter ein Thema zusammenfassen), also:

> **a. Eine Frage im Konjunktiv aufwerfen**
>
> **b. Die Frage erörtern**
>
> **c. Die Frage beantworten**

a. Eine Frage im Konjunktiv aufwerfen
Durch den Schuss auf B könnte A den Erfolg eines Totschlags gem. § 212 I StGB herbeigeführt haben.

b. Die Frage erörtern
Es müsste der Erfolg des § 212 I StGB vorliegen, d.h. ein Mensch müsste getötet worden sein.
Durch den Schuss des A ist B tödlich am Hinterkopf getroffen worden.

c. Die Frage beantworten
Durch den Schuss auf B hat A folglich den Erfolg des § 212 I StGB herbeigeführt.

Tauchen in den gewählten Formulierungen Wörter wie „*weil, da, denn*" oder ähnliche auf, so muss überprüft werden, ob es sich dann nicht um Urteilsstil handelt.

Ausnahmsweise jedoch muss der Urteilsstil verwendet werden, wenn im Gutachten unstreitige Informationen aus dem Sachverhalt genutzt werden.

2. Das Gutachten an sich

Zunächst sollte zu jeder Strafbarkeitsprüfung eine kurze Überschrift ausgewählt werden. Diese beinhaltet den möglichen Täter und den bzw. die zu prüfenden Paragraphen; also z.b. bei einem vollendeten Totschlag: „*Strafbarkeit des A gem. § 212 I StGB*" oder bei einem versuchten Totschlag: „*Strafbarkeit des A gem. §§ 212 I, 12 I, 22, 23 I StGB*".

Hiernach folgt jeweils ein Einleitungssatz, in dem erst die konkrete Handlung dargestellt wird, durch die der Täter sich strafbar gemacht haben könnte und die eventuell verletzte Norm benannt wird. Dabei sollte dieser Satz folgende drei Elemente enthalten:

- **Tathandlung**
- **Täter**
- **Benennung des Delikts und dessen Norm**

Z.B.: „*Durch den Schuss auf B könnte A sich wegen Totschlages gem. § 212 I StGB strafbar gemacht haben.*"

Im Folgenden werden dann die weiteren Prüfungspunkte behandelt, die hier im Einzelnen nicht erörtert werden sollen, sondern sich vielmehr aus Lehrbüchern, der oben genannten Schematareihe und den im Anhang abgedruckten Hausarbeiten ergeben.

Zu beachten ist bei den ausgewählten Formulierungen:

Alles was überflüssig ist, ist falsch!

3. Der Meinungsstreit

Häufig wird das Lösen von Fällen erst dadurch schwierig, dass über die zu behandelnden Probleme in der juristischen Fachwelt Streit herrscht. Die Aufgabe eines Hausarbeitenbearbeiters liegt nun darin, diese verschiedenen Meinungen darzustellen, unter **jeder einzelnen** den Sachverhalt zu subsumieren und sich, falls diese Meinungen zu unterschiedlichen Ergebnissen führen, in einem Streitentscheid für eine Meinung zu entscheiden.

Zunächst ist der Meinungsstreit einzuleiten. Das kann z.B. mit den folgenden Formulierungen geschehen:

- *„Über ... herrscht Streit"*
- *„Zur Problematik der ... haben sich unterschiedliche Meinungen gebildet"*
- *„Über ... herrscht zwischen Rechtslehre und Rechtsprechung keine Einigkeit"*

In der Regel sollte jede einzelne Meinung durch einen Untergliederungspunkt sauber gekennzeichnet werden. Auf gar keinen Fall darf eine Gegenmeinung nur dergestalt dargestellt werden, dass auf sie in einer Fußnote verwiesen wird (z.B. *nicht*: Oelmüller/Peters, JuS 2012, 22; a.A. (für anderer Ansicht!) Kröger, JA 2010, 456). Die einzelnen Meinungen können wie folgt eingeleitet werden:

- *„Vom Standpunkt der ... (Meinung benennen) ist ..."*
- *„Im Gegensatz dazu stellt die Lehre / Rechtsprechung auf ... ab"*
- *„Die Gegenmeinung stellt auf ... ab"*

Nach der Darstellung einer Meinung ist sofort zu subsumieren, also das Ergebnis für den Fall nach dieser Meinung festzustellen. Sodann ist entsprechend mit der nächsten Ansicht zu verfahren, usw.

Sind alle Meinungen auf diese Art behandelt, ist die Relevanz des Streites festzustellen: kommen alle Ansichten zum gleichen Ergebnis, so hat der Streit keine Auswirkung auf das Ergebnis für den vorliegenden Fall, es entfällt daher ein Streitentscheid.

Vielmehr kann dann durch folgende Phrasen das Ergebnis dargestellt werden:

- *„Die dargestellten Meinungen kommen allesamt zu dem Ergebnis, dass ..., so dass ein Streitentscheid vorliegend dahinstehen kann."*
- *„Da alle Meinungen zum gleichen Ergebnis gelangen, erübrigt sich ein Streitentscheid."*

Anderenfalls ist ein Streitentscheid erforderlich, allerdings nur soweit die Auffassungen zu unterschiedlichen Ergebnissen gelangen. Dazu ist dann ein eigener Untergliederungspunkt zu bilden. Darin müssen die Argumente, die für und die gegen die jeweiligen Meinungen sprechen, dargestellt, gegeneinander abgewogen und durch die Argumente eine Entscheidung begründet werden. Argumente finden sich auch in Lehrbüchern, Kommentaren und vor allem in Aufsätzen. Für die Darstellung des Streitentscheides können folgende Phrasen benutzt werden:

- *„Sofern vorgebracht wird ... kann dies schon deswegen nicht überzeugen, weil ..."*
- *„Dieser Ansatz führt zu durchweg unerträglichen Ergebnissen"*
- *„Die Gegenmeinung setzt sich nicht mit ... auseinander und vereinfacht so unzulässig das Problem"*
- *„Nur auf diesem Wege lässt sich erreichen, dass ..."*

4. Fußnoten

Da man sich in einer juristischen Hausarbeit an vertretene und vertretbare Meinungen zu halten hat, sind Textstellen, die man aus einem Lehrbuch, Kommentar o.ä. wiedergibt, zu kennzeichnen. Dieses erfolgt durch Fußnoten, durch die die zitierte Textstelle am Seitenende belegt wird, z.b.: [2] Wessels, Strafrecht AT, Rn. 203.

Bei Aufsätzen und Urteilen aus Fachzeitschriften ist bei den Fußnoten der Name des Verfassers bzw. des Gerichtes, die entsprechende Zeitschrift mit Jahrgang, die erste Seite des Aufsatzes oder des Urteils und die Seite, auf welcher die zitierte Textstelle zu finden ist, anzugeben: Z.B.: BGH NJW 2005, 321, 333. Das Ende der Fußnote ist mit einem Punkt zu versehen.

Die im Gutachten zitierte Textstelle muss Allgemeingültigkeit aufweisen und darf daher nicht sachverhaltsbezogen verwendet werden.

Richtig: *Vorsatz bedeutet der Wille zur Verwirklichung eines Straftatbestandes in Kenntnis aller seiner objektiven Tatumstände[2]. Hier hat A ... Somit handelte A vorsätzlich.*

Falsch: *A hatte den Willen zur Verwirklichung eines Straftatbestandes in Kenntnis aller seiner objektiven Tatumstände und handelte somit vorsätzlich[2].*

Vorsicht vor sogenannten Blindzitaten! Sind in einem Kommentar oder Lehrbuch zitierfähige Nachweise angegeben, sollte diese Quelle überprüft werden. Nicht selten finden sich hier Fehlerquellen, auf die der Korrektor unangenehm reagieren wird.

An dieser Stelle bleibt anzumerken, dass in der Hausarbeit, um ständige Wiederholungen zu vermeiden, die erste Fußnote lauten sollte: [1] Paragraphen ohne Angabe sind solche des StGB.

5. Typisch Strafrecht

Im Folgenden werden einige typische Schwerpunkte der Strafrechtshausarbeit erörtert.

a. Prüfungsreihenfolge

Kommen für einen Täter in einem Sachverhalt mehrere Delikte in Betracht, so sind diese in einer sinnvollen Reihenfolge zu prüfen.

Ergibt die Herausarbeitung der Fragestellung, dass es durchaus sinnvoll und möglich ist, mehrere Geschehenskomplexe voneinander isoliert zu betrachten, so teilt man den Sachverhalt in sogenannte Tatkomplexe, die nach beteiligten Personen zu gliedern sind. Dann ist zu beachten, dass die Prüfung der Täter nacheinander und nicht durcheinander erfolgt, d.h. zunächst die gesamten möglichen Straftatbestände des ersten Täters und erst darauf die des zweiten usw. Weiterhin sollten die Delikte in der zeitlichen Reihenfolge ihrer Begehung geprüft werden. Nachdem man eine derartige Grobgliederung erstellt hat, sind die Feinheiten der Gliederung vorzunehmen.

Grundsätze:

> **Täterschaft vor Teilnahme**
>
> **Grundtatbestände vor unselbständigen Qualifikationen**

Täterschaft vor Teilnahme. Zunächst ist das Handeln der Person zu prüfen, die nach der eigenen Vorprüfung Täter ist, da die Teilnahme rechtlich die vorsätzlich begangene rechtswidrige Haupttat eines anderen voraussetzt (§§ 26, 27 i.V.m. 11 I Nr. 5). Dabei ist mit der tatnächsten Person zu beginnen, d.h. mit der, die alle oder die meisten Tatbestandsmerkmale verwirklicht hat.

Grundtatbestände vor unselbständigen Qualifikationen. Innerhalb des Strafgesetzbuches gibt es sogenannte Grundtatbestände, wie z.B. die Körperverletzung gem. § 223, und deren Qualifikationen, wie z.B. die gefährliche Körperverletzung gem. § 224. Voraussetzung für eine Strafbarkeit nach § 224 ist die Verwirklichung der im Grundtatbestand genannten Voraussetzungen. Folglich kann eine gefährliche Körperverletzung gem. § 224 gar nicht eigenständig geprüft werden. Aus diesem Grund ist es empfehlenswert, den Grundtatbestand vor der Qualifikation zu prüfen.

Anders ist es aber bei **selbständigen Qualifikationen**. In ihnen sind hingegen die Merkmale des Grundtatbestandes immanent enthalten. Damit sind sie vor dem Grundtatbestand zu prüfen. Beispiele für selbständige Qualifikationen sind: § 225 zu § 223 oder § 249 zu §§ 242, 240.

Vorsicht ist bei Straftatbeständen geboten, die sich **gegenseitig ausschließen**. Eine Verwirklichung eines Diebstahls schließt eine Unterschlagung, eine Erpressung einen Betrug bzw. Raub aus (hierüber gibt es aber einen Meinungsstreit).
Die Delikte selbst lassen sich sehr leicht untergliedern. Hier ist zu beachten:

> **Begehungs- vor Unterlassungsdelikt**
>
> **Vollendung vor Versuch**
>
> **Vorsätzliche vor fahrlässiger Begehung**

Die Einhaltung dieser Prüfungsreihenfolge ist für das Bestehen der Hausarbeit eine elementare Voraussetzung und sollte deswegen unbedingt eingehalten werden.

b. Strafantrag
Einige Strafrechtsdelikte werden nur auf Strafantrag des Opfers verfolgt, siehe z.B. §§ 205, 248 a, 303 c. Ist im Sachverhalt ausdrücklich erwähnt, dass eventuell erforderliche Strafanträge gestellt sind, so empfiehlt sich, darauf im Ergebnis kurz einzugehen. Zum Beispiel:

- *„Der nach ... erforderliche Strafantrag ist gestellt, so dass ...“*

Ist dem Sachverhalt hingegen kein Hinweis auf gestellte Strafanträge zu entnehmen, so ist nach der Strafbarkeitsprüfung darauf hinzuweisen, dass zur Strafverfolgung des Täters ein entsprechender Strafantrag durch das Opfer zu stellen ist. Eine solche Formulierung könnte z.B. wie folgt aussehen:

- *„ ... hat sich ... schuldig gemacht, jedoch ist Voraussetzung für eine Bestrafung ein Strafantrag, der durch ... zu stellen ist“*

c. Konkurrenzen

Sollte ein Täter am Ende des Gutachtens mehrere Straftatbestände verwirklicht haben, so stellt sich die Frage, in welchem Verhältnis die einzelnen Delikte zueinander stehen. Im StGB sind die Grundsätze der Konkurrenzen in den §§ 52-55 verankert.

Verletzt dieselbe Handlung des Täters mehrere Straftatbestände, so besteht eine sogenannte Tateinheit. Tatmehrheit gem. § 53 liegt dagegen vor, wenn die Tatbestände durch mehrere Handlungen erfüllt werden. *Eine* Handlung im natürlichen Sinne liegt vor, wenn sich ein Handlungsentschluss in einer Willensbetätigung realisiert.[1] Eine Handlung im Rechtssinn ist ferner dann gegeben, wenn der gesetzliche Tatbestand verschiedene natürliche Willensbetätigungen zu einer tatbestandlichen Handlungseinheit verbindet.

Dieses gilt jedoch nur unter der Voraussetzung, dass ein Fall der sogenannten „echten" und nicht lediglich der „unechten" (d.h. scheinbaren) Konkurrenz vorliegt.[2] Ferner sind im Fall der Handlungseinheit noch die Fälle der Gesetzeseinheit zu berücksichtigen und im Fall der Handlungsmehrheit die Frage nach einer mitbestraften Vor- oder / und Nachtat. Erst dann kann man abschließend sagen, ob es sich um Ideal- oder Realkonkurrenz handelt.

Wie bereits diese wenigen Sätze verdeutlichen, ist die Prüfung und Bestimmung der Konkurrenzen teilweise sehr schwierig und die Abgrenzung zwischen Handlungseinheit und Handlungsmehrheit, Tateinheit und Tatmehrheit gestaltet sich nicht einfach. Wie die einzelnen Delikte zueinander stehen, ist im Zweifel auch den Kommentierungen zum StGB und den Lehrbüchern zu entnehmen.

Es empfiehlt sich allerdings, sich in diese Materie einzuarbeiten, da die Konkurrenzen sehr wichtig sind und die Falllösung mit mehreren Tatbeständen immer wieder „auftauchen", so auch im Referendariat.

Allgemein zur Konkurrenzlehre lesenswert sind die Erläuterungen in:
Wessels / Beulke, Strafrecht AT, Rn. 750 ff.;
Haft, Strafrecht AT, 12. Abschnitt und
immer noch lehrreich: Geppert in Jura 1982, 358.

Die richtige Darstellung der Konkurrenzen rundet eine Arbeit erst ab und zeigt dem Leser am Ende der Arbeit die Übersicht des Verfassers über das Strafrecht, zumal gerade an dieser Stelle häufig eine Vielzahl von Fehlern zu finden ist und man sich so leicht von den „anderen" absetzen kann.

---

[1] BGHSt 1, 20.

[2] Wessels / Beulke, StrafR AT, Teil V, § 17.

IV. Der „bessere" Umgang mit dem Computer

Jeder Studierende darf sich wohl Eigentümer oder zumindest Besitzer eines PC nennen. Falls dies nicht der Fall ist, so gibt es an den meisten Universitäten für die Studierenden zugängliche PCs, mit denen man die erste Hausarbeit problemlos auf das Papier bringen kann.

Es sei an dieser Stelle erwähnt, dass die Anschaffung eines Laptop für das Jurastudium wegen der zahlreichen Haus- und Seminararbeiten sehr empfehlenswert ist.

Die Teilnahme an einem Computerkurs, der an jeder Universität angeboten wird, scheint uns angebracht. Nicht selten ist zu beobachten, dass in den letzten Tagen vor der Abgabe Probleme mit dem Computer auftauchen, die unnötigen Stress verursachen. Denn mit dem Computer besteht die Möglichkeit, seine Hausarbeit zumindest formell relativ einfach und damit stressfrei zu erstellen. Das dabei wohl marktführende Textverarbeitungsprogramm ist WORD für Windows® der Microsoft® Corporation. Im Folgenden soll anhand WORD 2003 für Windows® kurz dargestellt werden, wie es möglich ist, die Hilfen des Programmes zu nutzen.

1. Ränder / Abstände

Die Seitenränder kann man über einen Klick (d.h. ein Druck auf die linke Maustaste) auf „Datei" und einen weiteren auf „Seite einrichten" einstellen und verändern. Dabei ist, wie bereits oben erwähnt, der linke Seitenrand auf **7cm** zu stellen. Kommt man später mit dem zum Teil beschränkten Platz nicht aus, so kann man durch Verringerung der übrigen Seitenränder noch erheblichen Platz schaffen.
Der Zeilenabstand ist regelmäßig auf **1,5-fach** zu stellen. Dieses erfolgt durch folgende Schritte:

> - **Klick auf „Format"**
> - **Klick auf „Absatz**
> - **Dort den Zeilenabstand von „einfach"**
>   **auf „1,5-fach" einstellen**

2. Seitenzahlen

Die Hausarbeit ist mit Seitenzahlen zu versehen. Zu beachten ist dabei, dass das Deckblatt bis einschließlich der Gliederung mit fortlaufender *römischer Zählung* (I, II usw.) zu versehen ist. Die Darstellung der Zahlen sollte unten zentriert erfolgen. Auf der ersten Seite (Deckblatt) ist keine Seitenzahl anzugeben. Man fängt erst auf der zweiten Seite (Sachverhalt) an und zwar mit „II". Die Zählung innerhalb des Gutachtens erfolgt mit *arabischen* Zahlen (1, 2 usw.).

Nach jedem Abschnitt (Deckblatt, Sachverhalt usw.) ist ein sogenannter Seitenumbruch einzufügen, um eine unterschiedliche Seitennumerierung zu ermöglichen.

> **1. Klick auf Einfügen**
>
> **2. Klick auf "Manueller Wechsel" und dann auf OK!**

Einfügen der Seitenzahlen in den ersten Teilen (Deckblatt, Sachverhalt etc.). **Zunächst den Cursor in diesen Abschnitt bringen, dann:**

> **1. Klick auf „Einfügen"**
>
> **2. Klick auf „Seitenzahlen"**
>
> **3. Die „Position" ist auf „Seitenanfang (Kopfzeile)" einzustellen**
>
> **4. „Ausrichtung" ist auf „zentriert" einzustellen**
>
> **5. „Seitenzahl auf erster Seite" ist nur beim Deckblatt bzw. erstem Abschnitt auszuschalten!!**
>
> **6. Römische Zahlen bekommt man durch Klick auf „Format" und Wahl des „Zahlenformat" auf „I, II, III, ..."**
>
> **7. Dort muss für die einzelnen Abschnitte auf „Fortsetzen vom vorherigen Abschnitt" geklickt werden.**

Einfügen der Seitenzahlen im zweiten Teil (Gutachten):

> **Wie oben beschrieben. Es sind jedoch arabische Zahlen, beginnend mit "1" einzustellen!**

3. Fußnoten

Fußnoten erstellt man wie folgt:

> **Klick auf „Einfügen"**
>
> **Klick auf „Referenz"**
>
> **Klick auf „Fußnote" und dann auf „OK"**

Die Standardeinstellungen können beibehalten werden, so dass die Nummerierung der Fußnoten fortlaufend ist. Hilfreich ist auch der sogenannte „Shortcut" für Fußnoten, bei dem die Fußnote direkt durch eine Tastenkombination erstellt wird, nämlich: *„Alt - Strg – F" (alle Tasten gleichzeitig drücken!)*

4. Schriftarten und -größe

Wie eingangs bereits erwähnt, ist die Standardschriftgröße 12pt. Man stellt die Schriftgröße durch einen Klick auf die Zahl in der Formatleiste und Eingabe des gewünschten Wertes ein.

Meistens wird die Schriftart „Times New Roman" verwendet. Verwendet man eine andere Schrift, so ist zu beachten, dass einige Schriftarten, z.B. „Courier", jedem Buchstaben den gleichen Raum im Text zuordnen (so genannte Äquidistanzschrift) und man so im Umfang der Arbeit mehr Platz verbraucht, als mit einer anderen Schriftart. Der Umfang der Arbeit kann somit auch durch die Auswahl der Schriftart verringert (z.B. „Arial Narrow") oder vergrößert (z.B. „Courier New") werden. Beachten Sie aber unbedingt die Vorgaben des Aufgabenstellers, z.T. wird eine ganz bestimmte Schrift zwingend vorgegeben!

5. Automatische Erstellung der Gliederung

Dank der Möglichkeiten die WORD® bietet, ist es relativ einfach, die Gliederung automatisch erstellen zu lassen. Dieses bringt unvorstellbare Vorteile und Erleichterungen: Hat man beispielsweise die Gliederung mühsam handschriftlich vom Gutachten erstellt und ändert später dort noch etwas ab, so muss man alle Seitenzahlen überprüfen und ggf. ändern. Die Gliederungsfunktion von WORD® übernimmt dies automatisch.

Für die automatische Erstellung ist es erforderlich, schon während des Verfassens des Gutachtens die Überschriften dem Computer auch als solche erkenntlich zu machen, d.h. jede einzelne Gliederungsebene ist für den Computer als Überschrift zu definieren.

So ist der Gliederungspunkt „**A. Strafbarkeit des A gem. ...**" (ebenso B, C usw.) jeweils als „**Überschrift 1**" und die Ebene „**I. ...**" als „**Überschrift 2**" (ebenso II, III usw.) zu definieren. Jede tiefergehende Gliederungsebene (a, aa, (1), usw.) ist dann dementsprechend als „**Überschrift 3**" usw. zu definieren.

Man definiert die Ebenen, in dem man ihr eine sogenannte „Formatvorlage" zuweist. Das erfolgt z.b. durch einen Klick auf die Formatvorlage in der Formatleiste (dort steht normalerweise „Standard"), wo man dann die jeweiligen Überschriften auswählen bzw. eingeben kann.

Achtung! Keine Aufregung, der Computer verändert anfänglich die Schriftart und -größe der Überschrift. Dieses lässt sich ändern:

a. Word® für Windows
Bei der definierten Überschrift ist die gewünschte Schriftart und Schriftgröße einzustellen. Danach ist wieder auf die „**Formatvorlage**" zu klicken und die entsprechende Überschrift nochmals auszuwählen. Es wird dann ggf. gefragt, ob die Formatvorlage basierend auf der Markierung neu definiert werden soll. Dieses ist mit „OK" zu bestätigen, so dass bei den späteren Überschriften die gewählten Einstellungen durch den Computer übernommen werden. Diese Neudefinierung ist für jede einzelne Gliederungsebene (Überschrift 1, Überschrift 2 usw.) einmal erforderlich.

b. bei Problemen
Manchmal ergeben sich Probleme mit der o.g. Formatierungsvariante; dann kann die Schriftart und Schriftgröße der Überschriften auch in einer anderen Weise verändert werden. Hierbei bearbeitet man die Formatvorlage wie folgt: Zunächst ist in der Menüleiste unter „**Format**" der Punkt „**Formatvorlage**" auszuwählen. Bei dem nun geöffneten Fenster ist die zu bearbeitende Überschrift auszuwählen. Ist dieses geschehen, ist weiterhin der Befehl „**Bearbeiten**" anzuklicken. Im neuen Fenster ein weiterer Klick auf „**Format**" durchzuführen. Hier kann nun ausgewählt werden, welche Veränderungen bei der vorher ausgewählten Überschrift im Einzelnen durchgeführt werden sollen. Schriftart und Schriftgröße können unter dem Punkt „Zeichen" verändert werden.

Dieser Vorgang muss für alle anderen verwendeten Überschriften ggf. auch durchgeführt werden.

Sind alle Überschriften definiert, so kann die Gliederung automatisch erstellt werden. Dieses geschieht wie folgt:

- **Klick auf „Einfügen"**
- **Klick auf „Referenz" dann „Index und Verzeichnisse"**
- **Klick auf „Inhaltsverzeichnis"**
- **Die Anzahl der verwendeten Gliederungsebenen bei „Ebenen" einstellen und mit „OK" bestätigen**

Der Computer fügt nun am Standort des Cursors ein komplettes Inhaltsverzeichnis ein. Die Gliederung sollte vor dem Gutachten erstellt werden und nach ihr muss wiederum ein manueller Seitenumbruch eingefügt werden (s. oben).

Verändert man nach erstmaliger Erstellung der Gliederung noch etwas im Gutachten und ergeben sich dadurch evtl. auch Veränderungen in der Gliederung, so ist das Inhaltsverzeichnis nach der obigen Abfolge einfach erneut zu erstellen.

Auch wenn die automatische Erstellung der Gliederung hier in der Theorie schwierig erscheint, so ist sie, hat man sich erst einmal praktisch mit ihr beschäftigt, relativ einfach zu handhaben und vor allem eine große Zeitersparnis.

Es empfiehlt sich allerdings **dringend**, sich mit den Möglichkeiten seines Computers und des Textverarbeitungsprogrammes im Vorfeld einer Hausarbeit eingehend auseinanderzusetzen, z.B. durch diese Lektüre oder einen Kursus.

2. Teil: Die Musterhausarbeiten

Nachfolgend sind Musterhausarbeiten abgedruckt.

Der Lösungsweg in den Hausarbeiten ist nicht als einziger zu verstehen, vielmehr sollen die Arbeiten Formulierungs- und Aufbauhilfen bieten. Auch bei dem Aufbau selbst gibt es unterschiedliche Varianten (vgl. z.B. Mordmerkmale in den Hausarbeiten Nr. 3 und 4).

In den Hausarbeiten tauchen vereinzelt Teile auf, die in einer kleineren Schriftgröße gedruckt sind. Hierbei handelt es sich um Ausführungen, die zur Lösung des Sachverhaltes nicht zwingend erforderlich waren, jedoch bei Problemen in anderen Fällen hilfreich sein könnten.

Ferner sind vereinzelte Absätze in der Schriftart „Arial" gedruckt. Dies sind Anmerkungen zur Bearbeitung, die nicht zum Text der Hausarbeit gehören!

Das im Anhang abgedruckte Literaturverzeichnis gibt die gesamte verwendete Literatur der Hausarbeiten wieder. Wie bereits erwähnt, sollte ein Literaturverzeichnis stets derartig gestaltet sein.

Auf eine Abbildung der einzelnen Deckblätter wurde verzichtet.

SACHVERHALT

1. Hausarbeit

A möchte seinen Geschäftskonkurrenten X loswerden. Deshalb heuert er B und C - in der Branche bekannte Killer - an und gibt ihnen die zur Tötung notwendigen Informationen. X betreibe danach jeden Abend eine Stunde Waldlauf im Park der Stadt, wobei er abwechselnd (und nicht vorhersehbar) bei dem einen Tor hinein- und bei dem anderen wieder herauslaufe. B und C sollten ihm auflauern und ihn erschießen.

Die beiden Killer sind einverstanden. B legt sich zur passenden Stunde mit einem Gewehr bewaffnet bei dem einen, C in gleicher Weise bei dem anderen Tor hinter einen Busch. Jeder ist bereit, beim Erscheinen des X sofort zu schießen.

Plötzlich merkt B, dass in naher Entfernung ein Liebespaar sich niedergelassen hat. Er hält deshalb die Durchführung der Tat für zu gefährlich. So verlässt er sein Versteck und geht zum ausgemachten Treffpunkt. Wenig später kommt C dazu. Er bringt die Erfolgsmeldung mit: Er habe X - der an diesem Tag bei „seinem" Tor eingelaufen sei - aus dem Hinterhalt erschossen.

Am nächsten Tag folgt die Ernüchterung. Laut Zeitungsmeldung wurde der Jogger Y von einem Unbekannten im Park getötet. C hat also den falschen Läufer erschossen.

Strafbarkeit von A, B und C?

INHALTSVERZEICHNIS

Hier ein typisches Beispiel für mangelhafte Gliederung: dem Pkt. 1. folgt kein 2.! **Merke:** jedem A. muss ein B., jedem 1. muss ein 2. folgen usw. Hier hätte der Pkt. c) "Ergebnis" zu 2. gemacht werden müssen!

GUTACHTEN

A. Strafbarkeit des C

C könnte sich gemäß §§ 212 I, 211 StGB strafbar gemacht haben, indem er den Y erschoss.

*Als erstes soll
das zu
erörternde
Problem
benannt und
dann im
Gutachtenstil
bearbeitet
werden:
Gutachtenstil
bedeutet:
1. Frage
   aufwerfen
2. Frage
   erörtern
3. Frage
   beantworten
.*

I. Tatbestandsmäßigkeit

Dazu müsste zunächst der Tatbestand des § 212 I[1] erfüllt sein. Dieser setzt sich aus objektivem und subjektivem Tatbestand zusammen.

1. Objektiver Tatbestand

Fraglich ist, ob der objektive Tatbestand des § 212 I erfüllt ist. Der objektive Tatbestand ist die Außenseite des Unrechts. Mit dem objektiven Tatbestand tritt das Delikt als soziale und deshalb strafrechtlich relevante Größe in Erscheinung[2].

a) Erfolg

Als erste Voraussetzung zur Erfüllung des objektiven Tatbestandes müsste zunächst der Erfolg des § 212 I eingetreten sein.
Der Erfolg ist objektiv die Tötung eines anderen Menschen[3].
Im vorliegenden Fall wurde Y von C getötet. Y ist ein anderer Mensch und somit ist der Erfolg eingetreten.

b) Kausalität

Der objektive Tatbestand eines Erfolgsdelikts ist weiter nur dann verwirklicht, wenn zwischen Handlung und Erfolg ein ursächlicher Zusammenhang besteht (Kausalität)[4]. Zum Inhalt der Kausalität einer Handlung werden verschiedene Ansichten vertreten.

aa) Bedingungstheorie

Nach der Bedingungstheorie ist Ursache im Sinne des Strafrechts jede Bedingung eines Erfolges, die nicht hinweg gedacht werden kann, ohne daß der Erfolg in seiner konkreten Gestalt entfiele[5].

Hätte C nicht geschossen, so wäre Y nicht getroffen worden und gestorben. Somit ist die Handlung des C nach der Bedingungstheorie kausal für den Tod des Y.

---

[1] §§ ohne Angaben sind solche des StGB.
[2] Jakobs, Strafrecht AT, 7. Abschnitt, Rn. 1.
[3] Wessels / Hettinger, Strafrecht BT 1, Rn. 79.
[4] Wessels / Beulke, Strafrecht AT, Rn. 154.
[5] BGHSt 1, 332, 333; 2, 20, 24; 7, 112, 114.

Diese sogenannte Conditio-sine-qua-non Formel geht von der kausalen Gleichwertigkeit aller Erfolgsbedingungen aus (Äquivalenztheorie)[6]. Es gibt dabei keine Unterscheidung zwischen wesentlichen und unwesentlichen Bedingungen oder nach der Nähe zum Erfolg[7].

bb) Adäquanztheorie

Nach der Adäquanztheorie ist Ursache im Rechtssinn nur die tatbestandsadäquate Bedingung[8]. Ein Tun oder Unterlassen ist dann adäquate Bedingung des konkreten Erfolges, wenn es die objektive Möglichkeit seines Eintritts generell, d.h. nach allg. Lebensauffassung, in nicht unerheblicher Weise erhöht hat[9].

Wenn man auf einen anderen Menschen schießt, liegt es stets innerhalb der Lebenswahrscheinlichkeit, dass dies zu seinem Tode führt. Kausalität ist auch nach dieser Ansicht zu bejahen.

Nach der Adäquanztheorie wären Kausalverläufe aus dem Bereich der Kausalität auszuschließen, bei denen erst durch eine an die Handlung anschließende Ursache der Erfolg eintritt[10]. Gegen diese Auffassung spricht, dass sie Kausalität und Zurechnung nicht auseinanderhält, um eine Haftungsbeschränkung schon im Bereich des objektiven Tatbestandes zu erreichen[11].

Die Darstellung der Kausalitätstheorien erscheint häufig nicht erforderlich, da das Ergebnis nach allen Theorien gleich ist, jedoch sollte zumindest eine kurze Darstellung erfolgen.

cc) Relevanztheorie

Die Relevanztheorie unterscheidet streng zwischen der Verursachungsfrage und der objektiven Zurechenbarkeit des Erfolges[12]. Bei der Feststellung des ursächlichen Zusammenhanges stützt sie sich mit der h.M. auf die Bedingungstheorie. Bezüglich der Erfolgszurechnung stellt sie dagegen auf die strafrechtliche Relevanz des Kausalgeschehens ab. Ähnlich wie die Adäquanztheorie erkennt sie nur die tatbestandsadäquaten Bedingungen innerhalb des Kausalverlaufs als haftungsbegründend an, jedoch hält sie sich den Blick für den Schutzzweck der Norm offen[13]. Im vorliegenden Fall liegt mit dem Schuss eine solche relevante Handlung vor, auch diese Auffassung käme somit zur Kausalität.

---

[6] Wessels / Beulke, Strafrecht AT, Rn. 156.

[7] Ebert / Kühl, Jura 1979, 561, 561.

[8] Wessels/Beulke, Strafrecht AT, Rn. 169; Haft, Strafrecht AT, S.52; Maurach / Zipf, AT 1, § 18 II, Rn. 30.

[9] Wessels / Beulke, Strafrecht AT, Rn. 169.

[10] Haft, Strafrecht AT, S. 64.

[11] Schöncke / Schröder - Lenckner, Vor § 13, Rn. 87/88.

[12] Blei, AT, § 28 IV, V, S. 104; Ebert / Kühl, Jura 1979, 561, 566; Jescheck / Weigend, AT, § 28 III, S. 286.

[13] Wessel / Beulke, Strafrecht AT, Rn. 172.

dd) Entscheid

Da alle Ansichten zum gleichen Ergebnis gelangen, erübrigt sich eine Streitentscheidung. Kausalität ist somit gegeben.

c) Objektive Zurechnung

Fraglich ist nun, ob der Erfolg dem C auch objektiv zurechenbar ist.

Für das Strafrecht ist nicht allein das Verhältnis von Ursache und Wirkung, sondern vor allem die Frage wesentlich, ob der sozialschädliche Erfolg dem Täter unter Berücksichtigung des menschlichen Leistungsvermögens als sein Werk zugerechnet werden darf[14]. Die Lehre von den Voraussetzungen der objektiven Zurechnung begrenzt die strafrechtliche Haftung bei regelwidrigen Kausalverläufen und atypischen Schadensfolgen schon im Bereich des objektiven Tatbestandes.

Objektiv zurechenbar ist ein durch menschliches Verhalten verursachter Unrechtserfolg nur dann, wenn dieses Verhalten eine rechtlich missbilligte Gefahr des Erfolgseintritts geschaffen und sich diese Gefahr auch tatsächlich im konkreten erfolgsverursachenden Geschehen realisiert hat[15].

C hat auf den Y geschossen, dieses stellt eine rechtlich missbilligte Gefahr des Erfolgseintrittes, des Todes, dar. Des Weiteren hat sich gerade diese Gefahr im Tod des Y verwirklicht.

Somit ist der Erfolg, der Tod des Y, dem C objektiv zurechenbar.

2. Subjektiver Tatbestand

Weiterhin müsste der subjektive Tatbestand erfüllt sein.

Dazu müsste C mit Tatbestandsvorsatz gehandelt haben. Nach h.M. ist Vorsatz der Wille zur Verwirklichung eines Straftatbestandes in Kenntnis aller seiner objektiven Tatumstände[16]. Der Tatbestandsvorsatz setzt folglich ein Willens- und Wissenselement voraus[17], wobei maßgeblicher Zeitpunkt für dessen Vorliegen die Begehung der Tat, das heißt die Vornahme der tatbestandlichen Ausführungshandlung ist[18].

---

[14] Wessels / Beulke, Strafrecht AT, Rn. 176.
[15] Jescheck / Weigend, Strafrecht AT, § 28 IV, S. 287.
[16] BGHSt 19, 295, 298; Jescheck / Weigend, Strafrecht AT, § 29 II, S. 293; Roxin, AT I, § 10, Rn. 62.
[17] BGHSt 36, 1, 11.
[18] BGH, NStZ 83, 452, 453.

a) Absicht (Dolus Directus I)

Absicht ist dann gegeben, wenn es dem Täter gerade darauf ankommt, den Eintritt des tatbestandlichen Erfolges herbeizuführen[19]. Unter Absicht ist der zielgerichtete Erfolgswille zu verstehen, der zugleich Motiv sein kann. Es ist zwischen Zielvorstellung des Täters und Motiv begrifflich zu unterscheiden[20]. Ein Erfolg, auf den es dem Täter bei seiner Handlung ankommt, ist immer auch beabsichtigt, gleichgültig, ob er die Verwirklichung für sicher oder nur für möglich hält.

b) Direkter Vorsatz (dolus Directus II)

Direkter Vorsatz liegt vor, wenn der Täter sicher weiß oder als sicher voraus sieht, dass sein Verhalten die Merkmale eines gesetzlichen Straftatbestandes herbeiführt[21]. Es spielt keine Rolle, ob ihm dieser Erfolg erwünscht ist oder ob er ihn innerlich ablehnt[22]. Da er ihn als notwendige Folge seines Handelns voraussieht, liegt in seinem Tatentschluß immer zugleich auch die Entscheidung für die Verwirklichung dieses Erfolges[23].

c) Eventualvorsatz (dolus eventualis)

Eventualvorsatz liegt vor, wenn der Täter es ernstlich für möglich hält und sich damit abfindet, dass sein Verhalten zur Verwirklichung des gesetzlichen Tatbestandes führt[24]. Der Täter muss über die Möglichkeit des Erfolgseintritts reflektiert haben und sich im Augenblick der Tathandlung der möglichen Tatbestandsverwirklichung bewusst gewesen sein[25].

d) Zwischenergebnis

Hier wollte der C einen anderen Menschen töten, er lauerte dem Opfer auf und wollte es erschießen. Es kam ihm folglich gerade darauf an, den Tatbestand zu verwirklichen. Er handelte also mit dem Willen zur und dem Wissen von der Verwirklichung des Todeserfolges. C handelte somit vorsätzlich.

aa) Error in persona

Fraglich ist jedoch, wie sich der Irrtum des C über das Opfer auswirkt. C wollte nicht den Y, sondern vielmehr den X erschießen.

Man spricht hierbei von einem Irrtum über das Handlungsobjekt (error in persona vel objecto). Dabei handelt es sich um Fehl-

Es sind drei Vorsatzformen zu unterscheiden:

1. dolus directus I.

2. dolus directus II.

3. dolus eventualis

Zum Vorsatz: Roxin, AT, Bd. 1, § 10, Rn. 62

Im vorliegenden Fall ist der Vorsatz unproblematisch und man könnte insofern mit einer generellen Formulierung die Prüfung durchführen, ohne auf die einzelnen Vorsatztypen einzugehen.

---

[19] BGHSt 16, 1, 5; Engisch, Untersuchungen, 141 f.
[20] BGH GA 1985, 321, 321.
[21] Maurach / Zipf, Strafrecht AT, § 22, Rn. 29; Wessels / Beulke, Strafrecht AT, Rn. 213.
[22] Wessels / Beulke, Strafrecht AT, Rn. 213.
[23] Welzel, Das deutsche Strafrecht, § 13, S. 67 f.
[24] Jescheck / Weigend, Strafrecht AT, § 29 III, S. 299.
[25] Schöncke / Schröder - Cramer/Sternberg-Lieben, § 15, Rn. 73.

Der error in persona ist von einer aberratio ictus abzugrenzen, bei welcher ein Fehlgehen der Tat vorliegt. Das bedeutet, dass beispielsweise ein Schuss eine andere Person trifft.

Zum error in persona: BGHSt 11, 268 (Rose-Rosahl)

vorstellungen des Täters, die sich auf die Identität oder sonstige Eigenschaften des Tatobjekts oder der betroffenen Person beziehen[26]. Bei rechtlicher Ungleichwertigkeit der verwechselten Angriffsobjekte tritt eine tatbestandsvernichtende Wirkung des Objektsirrtums ein, während bei Gleichwertigkeit die volle Haftung bestehen bleibt[27].

Hier liegen zwei gleichwertige Objekte, Menschen, vor. C traf die Person, auf die er gezielt hatte und die er treffen wollte. Somit decken sich Vorsatz und Kausalverlauf. Der Irrtum über die Identität der angegriffenen Personen ist ein unbeachtlicher Motivirrtum.

bb) Zwischenergebnis

Da C lediglich einem unbeachtlichen Motivirrtum unterlag, handelte er vorsätzlich.

3. Ergebnis

Sowohl der objektive als auch der subjektive Tatbestand sind erfüllt, so dass der Tatbestand des § 212 I erfüllt ist.

II. Rechtswidrigkeit

Fraglich ist, ob sich das Verhalten des C durch Rechtfertigungsgründe rechtfertigen lässt. Es sind keine Rechtfertigungsgründe ersichtlich. Somit war die Handlung des C rechtswidrig.

III. Schuld

Fraglich ist, ob das Handeln des C schuldhaft erfolgte. Es sind keine Schuldausschließungsgründe ersichtlich. Somit handelte C schuldhaft.

IV. Ergebnis

Somit hat C sich durch das Erschießen des Y gemäß § 212 I strafbar gemacht.

Die Prüfung der Mordmerkmale kann auch an anderer Stelle erfolgen.

V. Mordmerkmale

Fraglich ist, ob C sich aufgrund vorliegender Mordmerkmale gemäß §§ 211, 212 I strafbar gemacht hat. Dazu müssten bei C Mordmerkmale vorgelegen haben.

Man unterscheidet diese in tat- und täterbezogene Merkmale. Die täterbezogenen Merkmale sind die der 1. und 3. Gruppe.

---

[26] Wessels / Beulke, Strafrecht AT, Rn. 247.
[27] Warda, FS Blau, 159, 161.

Fraglich ist, ob Merkmale, die eine Bestrafung wegen Mordes nach sich ziehen vorliegen.

1. Mordlust

C könnte aus Mordlust gehandelt haben.

Mordlust liegt vor, wenn der Antrieb zur Tat allein dem Wunsch entspringt, einen anderen Menschen sterben zu sehen, einziger Zweck des Handels somit die Tötung des Opfers als solche ist[28].
C ist zwar Berufskiller, jedoch ist es unwahrscheinlich, dass er aus Lust am Töten seinen Beruf betreibt. Vielmehr geht es ihm um den Verdienst.
Somit scheidet Mordlust als Beweggrund aus.

Die Mordmerkmale, die täterbezogen sind, können nach dem subj. TB und die, die tatbezogenen sind, nach dem obj. TB, geprüft werden.

2. Habgier

Aus Habgier handelt, wer sich durch ein ungewöhnliches, ungesundes, sittlich anstößiges Maß gesteigerten Erwerbssinns leiten und durch Rechte anderer nicht abhalten lässt[29].
C tötet, um seinen Auftrag zu erfüllen, damit er seinen Lohn bekommt. Es ist sein Beruf, auf Bezahlung hin Leute zu töten.
Dieses stellt wohl ein Gewinnstreben um jeden Preis dar.
Somit handelte C mit Habgier als Beweggrund.

Habgier ist ein häufig vorkommendes Motiv zum Mord und ist daher auch in Hausarbeiten häufig gegeben.

3. Heimtücke

C könnte mit dem Mordmerkmal der Heimtücke gehandelt haben. Zur Definition der Heimtücke gibt es unterschiedliche Ansichten.

Heimtücke ist ebenso wichtig und muss wegen der unterschiedlichen Ansichten auch gesondert geprüft werden.

a) Ansicht Rechtsprechung

Nach der vom BGH entwickelten Rechtsauffassung handelt heimtückisch, wer in feindseliger Willensrichtung[30] die Arg- und Wehrlosigkeit des Opfers bewusst zur Tötung ausnutzt[31].

aa) Arglosigkeit

Das Opfer Y müsste im Zeitpunkt des Geschehens arglos gewesen sein.
Arglos ist, wer sich im Zeitpunkt der Tat keines tätlichen Angriffes auf seine körperliche Unversehrtheit oder sein Leben versieht[32].
Voraussetzung dafür ist die Fähigkeit zum Argwohn, diese fehlt bei Kleinkindern[33] und bei Besinnungslosen[34].

---

[28] BGH NJW 1953, 1440, 1440; 34, 59, 59; Wessels / Hettinger, Strafrecht BT 1, Rn. 94.
[29] BGHSt 10, 399, 399; 29, 317, 317 f.; BGH NStZ 1993, 385, 386; BGH NJW 1995, 2365, 2366.
[30] Rengier, Strafrecht BTII, S.24; BGHSt 9, 385, 385.
[31] BGHSt 19, 321, 321; 20, 301, 301; 23, 119, 120; 28, 210, 211f; 39, 353, 368.
[32] BGHSt 20, 301; Rengier, Strafrecht BTII, S.24/25.
[33] BGHSt 4, 11, 12.

Y will im Park joggen, wahrscheinlich um sich körperlich gesund zu halten. Aus diesem Grunde versieht er sich im Zeitpunkte des Schießens des C keines Angriffs, sonst wäre er nicht in den Park gelaufen. Somit war Y arglos.

bb) Wehrlosigkeit

Siehe zur Heimtücke:

Schönke / Schröder, § 211, Rn. 24

Weiter müsste Y wehrlos gewesen sein.

Wehrlos ist, wer infolge seiner Arglosigkeit zur Verteidigung außerstande oder in seiner Verteidigung stark eingeschränkt war[35].
Y versah sich keines Angriffs und wurde aus dem Hinterhalt erschossen. Er hatte keinerlei Möglichkeit sich in irgendeiner Weise zu verteidigen. Somit war Y wehrlos.

cc) Tückische Weise

Die Arg- und Wehrlosigkeit des Opfers müssen weiter vom Täter in tückisch verschlagener Weise zur Tötung ausgenutzt werden[36].
Dieses ist gegeben, wenn der Täter die Arg- und Wehrlosigkeit im Wege des listigen, hinterhältigen oder planmäßig berechnenden Vorgehens bewusst zu einem Überraschungsangriff ausnutzt und das Opfer so daran hindert, sich zu verteidigen, wegzulaufen oder Hilfe zu holen[37].
C lauerte planmäßig dem Opfer im Park auf und nutze den Vorteil der Überraschung für sich aus, indem er ihn hinterhältig erschießt.
Somit nutzte C die Arg- und Wehrlosigkeit des Opfers in tückisch verschlagener Weise aus.

b) Meinung Literatur

Gegen diese Ansicht lässt sich jedoch anführen, dass sie den "Meuchelmörder" nicht unter Heimtücke fallen lässt.

Das wäre ein gutes Argument, um im vorliegenden Fall das Mordmerkmal Heimtücke anzunehmen!!

Die heimtückische Tötung setzt im Unrechtstatbestand nach Ansicht einiger Stimmen der Literatur voraus, dass das Opfer dem Täter in der konkreten Situation ein besonderes Vertrauen entgegengebracht[38], sich ihm vertrauend ausgeliefert hat und dass der Täter durch die Tötungshandlung dieses Vertrauen bricht[39].

Zwischen den Tätern B und C und dem Opfer Y bestand keinerlei Vertrauensverhältnis im Zeitpunkt der Tat.

Somit handelt C nach dieser Ansicht nicht heimtückisch.

---

[34] BGHSt 23, 119, 119.
[35] BGH GA 1971, 113, 113.
[36] Wessels / Hettinger, Strafrecht BT 1, Rn. 114.
[37] Spendel, JR 1983, 269, 272f.
[38] Krey / Heinrich, Strafrecht BT 1, § 1 Rn. 58.
[39] Schmidhäuser, Strafrecht BT, 2. Kapitel Rn. 20.

c) Entscheid

Bloße Ausnutzung der Arg- und Wehrlosigkeit des Opfers begründet noch keine über die Einzeltat hinausgehende Gefahr des Täters[40]. Tötet ein Täter überraschend, um dem Opfer etwa die Todesangst zu ersparen, so erscheint dieses nicht als ein sozialethisch in höherem Maße unerträgliches Verhalten, als wenn er das Opfer zuvor mit seinem Plan vertraut macht und dann tötet. Erst die Ausnutzung eines Vertrauensverhältnisses zur Tatdurchführung stellt hingegen einen über die konkrete Tötung hinausgehenden Angriff auf die Vertrauensgrundlage der Rechtsgesellschaft dar. Es ist daher der Ansicht der Literatur zu folgen.
C handelte folglich nicht heimtückisch.

4. Zwischenergebnis

C hat das Mordmerkmal der Habgier erfüllt.
Somit hat er sich des Mordes strafbar gemacht.

VI. Ergebnis

C hat sich durch das Erschießen des Y gemäß §§ 211, 212 I strafbar gemacht.

B. Strafbarkeit des B

B könnte sich gemäß §§ 211, 212 I, 25 II als Mittäter eines Mordes strafbar gemacht haben, indem er verabredungsgemäß an einem der beiden Tore des Parks dem X aufgelauert hat, um ihn zu erschießen.

I. Tatbestandsmäßigkeit

B müsste die Merkmale des Tatbestandes des § 25 II erfüllt haben. Dazu gehört die gemeinsame Tatbegehung in bewusstem und gewollten Zusammenwirken, beruhend auf dem Prinzip der Arbeitsteilung[41].

1. Objektiver Tatbestand

Der objektive Tatbestand müsste zunächst erfüllt sein.

a) Gemeinsamer Tatplan

Als erste Voraussetzung zählt der gemeinsam beschlossene Tatplan. Der gemeinsame Tatplan der Beteiligten beinhaltet, dass jeder von ihnen als gleichberechtigter Partner des anderen mit diesem gemeinsam die Tat als eigene arbeitsteilig durchführen will[42].
B und C hatten verabredet den X zu töten. Es sollte jeder von ihnen an einem Eingang des Parks dem X auflauern, um ihn zu erschießen.

Jetzt geht es mit der Prüfung der weiteren Tatbeteiligten weiter. Zunächst mit B, da dieser "näher" an der Tatausführung war.

Sollte einmal ganz eindeutig sein, dass die Täter Mittäter im Sinne von § 25 II sind, dann sollten diese zusammen geprüft werden.

---

[40] Otto, Grundkurs, S. 18.
[41] Lackner / Kühl, StGB, § 25 Rn. 9; Schönke / Schröder – Cramer/Heine, § 25, Rn. 61 ff.; Stoffers, MDR 1989, 208, 208.
[42] Schönke / Schröder – Cramer/Heine, § 25, Rn. 71 ff.; Stoffers, MDR 1989, 208, 208.

*Das ist bei-
spielsweise
dann der Fall,
wenn erst das
Zusammenwir-
ken aller
Mittäter zur
TB-Verwirk-
lichung führt.*

Es würde vom Zufall abhängen, welcher der beiden den X tötet. B und C würden nach ihrem Tatplan „alternativ" aktiv werden. Somit hatten B und C einen gemeinsamen Tatplan.

b) Gemeinsame Tatausführung

Des Weiteren müsste die Tatausführung gemeinschaftlich erfolgt sein.

§ 25 II verlangt für die Annahme der Mittäterschaft ein „gemeinschaftliches Begehen". Im Gesetzestext ist jedoch nicht geregelt, welches Maß an objektiver Gemeinschaftlichkeit verlangt wird. Dazu sind verschiedene Meinungen festzuhalten.

aa) Formell - objektive Theorie

*Die Formell -
objektive
Theorie ist
veraltet und
kann (sollte)
nicht mehr
vertreten
werden.*

Nach der formell - objektiven Theorie soll nur der Täter sein, wer den Tatbestand zumindest teilweise mit eigener Hand verwirklicht[43]. Teilnehmer ist hingegen, wer zur Tatbestandsverwirklichung nur durch eine Vorbereitungshandlung beiträgt.

B hat die Tatbestandsverwirklichung, den Tod des Y, nicht selbst oder teilweise selbst verwirklicht. Vielmehr hat nur der C einen eigenen Tatbeitrag in diesem Sinne vollzogen. Es bleibt nur übrig B wegen seiner Vorbereitungshandlung (Planung) als Teilnehmer zu behandeln.

Nach dieser Theorie ist B nicht Mittäter, sondern vielmehr Teilnehmer.

bb) Eingeschränkt - subjektive Theorie (= Normative Kombinationstheorie)

Der BGH verlangt als Voraussetzung für die Mittäterschaft einen auf der Grundlage gemeinsamen Wollens die Tatbestandsverwirklichung fördernden Beitrag, der sich auf eine Vorbereitungs- oder Unterstützungshandlung beschränkt und auch auf dem Wege der psychischen Einwirkung geleistet werden kann[44]. Dabei stellt der BGH weiterhin auf den Täterwillen (Animus auctoris) ab, d.h., will ein Beteiligter die Tat als eigene, handelt er also mit Täterwillen, ist er als Mittäter zu behandeln[45]. Dieser Wille wird heute im Gegensatz zu der alten Judicatur (streng – subjektive Theorie)[46], bei der es alleine auf die tatsächliche innere Willenrichtung der Täters ankam, anhand des Interesses am Taterfolg, am Tatbeitrag sowie am Maße der Beherrschung des Tatgeschehens festgestellt. Die innere Willensrichtung des Mittäters müsse so beschaffen sein, dass sie seinen Tatbeitrag nicht bloß als Förderung fremden Tuns, sondern als Teil

---

[43] Freund, AT, § 10, Rn. 35.
[44] BGHSt 34, 124, 125f.; BGH NStZ 1985, 165, 165; LK, Roxin, § 25, Rn. 155 f.
[45] BGHSt 33, 50, 53.
[46] RGSt 2, 160, 162; 74, 84, 85.

der Tätigkeit aller und dementsprechend die Handlung des anderen Täters umgekehrt als Ergänzung seines eigenen Tatbeitrages erscheinen läßt[47]. B leistet den erforderlichen Tatbeitrag in der gemeinsamen Vorbereitung (Planung) und in dem gemeinsamen Auflauern. Er handelt hier mit dem gleichen Täterwillen wie C, nämlich den Auftrag zu erfüllen. B ist somit nach dieser Theorie Mittäter.

cc) Tatherrschaftslehre

Dazu vor allem: Maurach / Gössel / Zipf, AT 2, § 47, Rn. 84 ff.

In der Rechtslehre hat sich die sogenannte Lehre von der Tatherrschaft durchgesetzt[48]. Voraussetzung für die Annahme von Mittäterschaft ist demnach, dass die Verwirklichung des gesetzlichen Tatbestandes von mehreren gemeinsam beherrscht wird. Herr über die Tatbestandsverwirklichung sei ein einzelner aber nur dann, wenn ihm aufgrund seiner Herrschaft über seinen eigenen Tatbeitrag zugleich die Mitherrschaft über die Tatbestandsverwirklichung als ganzes zufalle[49], d.h. wenn er den vom Vorsatz umfassten tatbestandsmäßigen Geschehensablauf dergestalt in den Händen halte, dass er die Tatbestandsverwirklichung nach seinem Willen durch Leisten seines Tatbeitrages ablaufen lassen oder durch dessen Nichterbringen hemmen könne. Dieser Tatbeitrag könne sich auch in Gestalt einer bestimmten zugeteilten Rolle realisieren, wenn der Ablauf des Gesamtplanes eine Rollenverteilung nötig oder zweckhaft mache[50]. Der Beteiligte ist folglich dann Mittäter, wenn dessen Beitrag im Ausführungsstadium eine unerlässliche Voraussetzung zur Erreichung des angestrebten Erfolges bildet und sein funktionsgerechtes Verhalten das ganze Unternehmen stehen oder fallen lässt[51].

Nach dieser Auffassung müssen nicht alle Mittäter am letzten, unmittelbar zum Tode führenden Handlungsakt beteiligt sein. Bei einem alternativen Wirken der Beteiligten, macht eine gebotene Betrachtung ex-ante deutlich, dass jeder von beiden einen unerläßlichen Beitrag zum Gelingen des Plans beiträgt[52].

B und C verfolgten den Plan, dass entweder der eine oder der andere zum Einsatz kommt. Jeder trägt somit einen unerlässlichen Beitrag zum Gelingen des Tatplanes bei. B ist nach dieser Theorie somit Mittäter.

---

[47] Stoffers, MDR 1989, 208, 209.
[48] LK, Roxin, § 25, Rn. 7 f.
[49] Lackner / Kühl, StGB, Vor § 25, Rn. 4.
[50] Roxin, Täterschaft, 279 f.
[51] Roxin, JA 1979, 517, 524.
[52] Roxin, JA 1979, 517, 525.

dd) Theorie Rudolphi / Schmidhäuser

Nach einer von Rudolphi und Schmidhäuser entwickelten Theorie, mit der sie gewissermaßen der formell - objektiven Theorie folgen, ist für die Annahme der Mittäterschaft erforderlich, dass der Beteiligte einen wesentlichen Tatbeitrag zu dem, den gesetzlichen Tatbestand verwirklichenden, Geschehen leistet[53]. Nach dieser Theorie steht eine Alternativität beim abschließenden Handlungsakt einer Mittäterschaft im Wege.

B ist nach dieser Theorie, wegen des fehlenden tatsächlichen wesentlichen Tatbeitrags, nicht Mittäter.

ee) Entscheid

HS wichtig !

Da die verschiedenen Theorien zu unterschiedlichen Ergebnissen kommen, ist es erforderlich, einen Entscheid zu treffen.

Gegen die formell - objektive Theorie spricht, dass bei ihr durch die tatbestandsmäßige Gleichwertigkeit aller Merkmale eine uferlose Ausdehnung der Verhalten erfolgt, die Täterschaft begründen.

Gegen die von Rudolphi und Schmidhäuser befolgte Theorie spricht, dass der Begriff des wesentlichen Tatbeitrags unklar ist, denn auch eine wichtige Vorbereitungshandlung kann Mittäterschaft begründen. Auch bei alternativen Geschehensabläufen ist sie nicht zu gebrauchen, denn sie beurteilt den potentiellen Täter nicht danach, was er sich vorstellt und was nur vom Zufall abhängt, sondern nur nach dem, was er tatsächlich leistet, wonach B höchstens Gehilfe ist.

Der subjektiven Theorie ist zwar grundsätzlich zuzustimmen, jedoch fehlt eine ausreichende Betrachtung der objektiven Geschehensabläufe, so dass sie nicht zu befolgen ist.

(+)!

Zu befolgen ist somit die Tatherrschaftslehre, die demgegenüber sowohl auf subjektive als auch auf objektive Merkmale abstellt.

Mit guten Argumenten lassen sich (fast) alle Theorien vertreten.

Im vorliegenden Fall haben B und C eine Todesfalle aufgebaut, in der sich das Opfer verfangen musste. Nicht nur bei der Planung, sondern auch bei der Ausführung hatte jeder eine bedeutsame Funktion[54]. Stünde einer nicht mehr auf der Lauer, würde die Erfolgschance um die Hälfte sinken. Sie beherrschen die Tötung durch die Falle nur zusammen, wenn der Schuss auch nur von C abgegeben wurde. Die Alternativität beim abschließenden Handlungsakt steht nach der Tatherrschaftslehre der Mittäterschaft nicht im Wege.

Jedoch ist u.E. B als Mittäter zu bestrafen

Somit hat B die Tat gemeinschaftlich ausgeführt.

---

[53] Rudolphi, FS Bockelmann, 379, 383.
[54] Roxin, JA 1979, 517, 526.

c) Zwischenergebnis

B hatte gemeinsam mit C einen Tatentschluss gefasst und weiter die Tat gemeinschaftlich ausgeführt.

Somit ist der objektive Tatbestand erfüllt.

2. Subjektiver Tatbestand

Des Weiteren müsste der subjektive Tatbestand erfüllt sein. B müsste folglich vorsätzlich bezüglich aller Tatbestandsmerkmale gehandelt haben.

B hatte mit C gemeinsam den Auftrag angenommen, den X zu töten. Wäre das Opfer an seinem Eingang zum Park herein gegangen, wäre er bereit gewesen, es zu töten. B handelte somit vorsätzlich.

a) Irrtum des C

Fraglich ist, wie sich der Irrtum des C auf B auswirkt.

Bei der Mittäterschaft gilt das Prinzip der unmittelbaren gegenseitigen Zurechnung aller Tatbeiträge, die im Rahmen des gemeinsamen Tatentschlusses geleistet worden sind[55]. Dabei gelten für die Irrtumsfälle die allgemeinen Regeln[56].

Folglich kommt der unbeachtliche Objektsirrtum eines Mittäters auch keinem anderen Beteiligten zugute, sofern er für diese Tat tauglicher Täter ist[57].

Indem C den Y, den er für den X hält, erschießt, unterliegt er einem Irrtum über die Identität des Opfers (error in persona)[58]. Da es sich dabei wegen Gleichwertigkeit der Tatobjekte nur um einen unbeachtlichen Motivirrtum handelt, ist dieser Irrtum für ihn ohne Bedeutung.

Folglich ist der Irrtum des C ebenfalls für den B unbeachtlich und wird ihm somit zugerechnet.

b) Zwischenergebnis

Somit ist der subjektive Tatbestand erfüllt.

3. Ergebnis

Sowohl der objektive Tatbestand der Mittäterschaft als auch der subjektive sind erfüllt.

Somit hat B den Tatbestand des § 25 II verwirklicht.

---

[55] OLG Hamm, NJW 1971, 1954, 1955.
[56] Jescheck / Weigend, Strafrecht AT §63 I S.675.
[57] Baumann / Weber / Mitsch, Strafrecht AT, § 29 Rn.113.
[58] S. oben.

II. Rechtswidrigkeit

Fraglich ist, ob für die Tat des B Rechtfertigungsgründe ersichtlich sind. Es lassen sich keine Rechtfertigungsgründe für das Handeln des B finden. Somit war seine Tat rechtswidrig.

III. Schuld

Weiter müsste für eine Bejahung der Strafbarkeit des B die Schuld für sein Handeln vorliegen. Es sind keine Schuldausschließungsgründe ersichtlich. Somit handelte B schuldhaft.

IV. Mordmerkmale

Zur Bejahung einer Bestrafung nach § 211 wegen Mordes müssten weiter Merkmale vorliegen, die dieses rechtfertigen.

Als Mordmerkmal könnte, genauso wie bei C, das Merkmal der Habgier vorgelegen haben.

B erfüllt subjektiv die gleichen Bedingungen wie C. Er ist Berufskiller und hat den Auftrag des A angenommen, damit er dafür entlohnt wird.

Dieses unnatürliche Streben nach Gewinn um jeden Preis, erfüllt die Voraussetzungen der Habgier.

Somit hat bei B auch das Mordmerkmal der Habgier vorgelegen.

V. Strafausschließung durch Rücktritt

Hier stellt sich nunmehr die Frage, ob das Weggehen aus dem Park und das damit verbundene Aufgeben der Tatbestandsverwirklichung strafbefreiend für B wirkt!

Dabei könnten die Ausführungen durchaus weiter gehen, als hier dargestellt.

B entschließt sich, sich von seiner lauernden Position zu entfernen.

Fraglich ist, ob für B eine Strafausschließung durch Rücktritt in Betracht kommt.

Gemäß § 24 ist straflos, wer freiwillig von der Durchführung der Tat absieht (freiwilliger Rücktritt vom Versuch)[59].

Als Voraussetzung dafür darf die Tat nicht vollendet sein. Des Weiteren müsste ein eventueller Rücktritt freiwillig erfolgt sein.

Der Erfolg des § 211, 212 I ist mit dem Tod des Y eingetreten. Somit ist die Tat vollendet und sie wird dem B auch zugerechnet.

Da B fürchtete, durch das Liebespaar entdeckt werden zu können, hat B auch nicht freiwillig von der Tat abgesehen.

Somit kommt ein Strafausschluss wegen Rücktritts nicht in Betracht.

VI. Ergebnis

B hat sich durch das gemeinsame Planen der Tat und durch das Auflauern im Park wegen Mittäterschaft am Mord gemäß §§ 211, 212 I, 25 II strafbar gemacht.

---

[59] Roxin, Strafrecht AT, § 23 Rn. 17.

C. Strafbarkeit des A

Fraglich ist nun, ob A sich als Anstifter strafbar gemacht hat.

I. Strafbarkeit des Haupttäters

Als erste Voraussetzung zur Strafbarkeit eines Anstifters müsste zunächst der Haupttäter strafbar sein.
Der Haupttäter C hat sich durch das Erschießen des Y gemäß §§ 211, 212 I strafbar gemacht[60].

Nun folgt die Strafbarkeits-prüfung des A. Diese erfolgt zuletzt, da A der "Tatent-fernteste" war.

II. Strafbarkeit des Anstifters

A könnte sich dadurch, dass er den B und den C zur Tötung des X anheuerte als Anstifter zum Mord gemäß §§ 211, 212 I, 26 strafbar gemacht haben.

1. Tatbestandsmäßigkeit

Dazu müsste der Tatbestand erfüllt sein

a) Objektiver Tatbestand

Der objektive Tatbestand müsste zunächst erfüllt sein. Dieser setzt sich aus zwei Teilen zusammen.

Prüfung einer Anstiftung:

Objektiv:

aa) Vorsätzliche, rechtswidrige Haupttat

Es müsste eine vorsätzliche, rechtswidrig begangene Haupttat vorliegen.
C hat den Y getötet. Diese Tat war vorsätzlich, rechtswidrig und wird gemäß §§ 211, 212 I bestraft.
Somit liegt eine Haupttat in diesem Sinne vor.

1. Vorsätzliche, rechtswidrige Haupttat eines anderen

bb) Bestimmen

A müsste als Anstifter den Täter, folglich den C, zur Haupttat bestimmt haben.
Bestimmen bedeutet Hervorrufen des Tatentschlusses[61]. Ausreichend ist dabei jede ursächliche oder auch nur mitursächliche Handlung des Anstifters[62]. Nach h.M. ist der Anstifter Miturheber der Tat, so dass die Anstifterhandlung zumindest eine geistige Willensbeeinflussung sein muss, die geeignet ist, dem Täter eine Anregung zur Begehung der Haupttat zu liefern[63].
Hier beauftragt A die Killer B und C, den X zu töten. Er ruft damit in diesen den Tatentschluss zur Tötung des X hervor. Das Bestimmen zur Haupttat ist folglich zu bejahen.

2. Bestimmen durch den Anstifter

---

[60] S. oben.
[61] Wessels / Beulke, Strafrecht AT, Rn. 568.
[62] Tröndle / Fischer, § 26, Rn. 3 f.
[63] Jescheck / Weigend, Strafrecht AT, § 64 II 1 S.686; LK, Roxin § 26, Rn. 2 f.; Otto, JuS 1982, 557, 560.

b) Subjektiver Tatbestand

Weiterhin müsste der subjektive Tatbestand erfüllt sein. Bei der Anstiftung muss sich der Vorsatz zum einen auf das Hervorrufen des Tatentschlusses und zum anderen auf die Ausführung und Vollendung einer bestimmten Haupttat richten (doppelter Anstiftervorsatz).

Subjektiv muss der Anstifter bezüglich beider Punkte vorsätzlich gehandelt haben (sog. Doppelter Anstiftervorsatz)

aa) Bestimmen

Der Vorsatz des Anstifters muss sich folglich zunächst auf das Bestimmen des Angestifteten zur Tat beziehen.

A wollte den X loswerden. Er heuerte deshalb die beiden Berufskiller B und C an, um ihn zu töten. A sagte deutlich, was er von den beiden wollte. Hierin lässt sich ein Vorsatz auf das Bestimmen zur Tat erkennen.

Somit hatte A Vorsatz bezüglich des Bestimmens.

Zu einem beliebten Problemfall der Anstiftung, dem "Agent provocateur" siehe: Sommer, JR 1986, 485 und Wessels, Strafrecht AT, Rn. 573.

kein Anstifter

bb) Bestimmte Tat

Weiter müsste sich der Vorsatz des A auf die Begehung einer bestimmten Tat richten. Unter einer bestimmten Tat wird eine in ihren wesentlichen Grundzügen konkretisierte Tat durch einen bestimmten Täter verstanden[64]. Der Anstifter muss zwar nicht alle Einzelheiten der Tat kennen, es reicht jedoch nicht der allgemeine Wille, einen anderen zu einer nicht näher konkretisierten Tat zu bestimmen.

A beauftragte die Berufskiller B und C damit, den X zu töten. Er gab ihnen noch Hinweise auf eine mögliche Begehung der Tat. Dieses lässt sich als eine in ihren Grundzügen konkretisierte Tat erkennen.

Somit hatte A auch bezüglich der bestimmten Tat Vorsatz.

Problematisch erscheint an dieser Stelle, wie es sich für A auswirkt, dass C den Falschen getroffen hat.

cc) Irrtum des C

A beauftrage B und C damit, den X zu töten. C tötete jedoch aufgrund eines Irrtums über die Identität des Opfers fälschlicherweise den Y.

Fraglich ist, wie sich dieser error in persona des C für A auswirkt.

Dazu sind verschiedene Ansichten festzuhalten.

(1) 1. Ansicht

Nach h.L. wird bei error in persona des angestifteten Täters eine aberratio ictus des Anstifters angenommen, da der Täter gleich einem Werkzeug aus Sicht des Anstifters fehlging[65].

Danach kommt für den Anstifter allenfalls eine Strafbarkeit wegen täterschaftlicher fahrlässiger Begehung und versuchte Anstiftung in Betracht.

---

[64] Wessels / Beulke, Strafrecht AT, Rn. 572.
[65] Lackner / Kühl, § 26, Rn. 6; Roxin, JZ 1991, 680, 682; LK-Roxin, § 26, Rn. 92; Schmidhäuser, Strafrecht AT, 10 Rn. 126.

A wäre nach dieser Ansicht aufgrund des Irrtums dem Status des Anstifters entgangen und nur wegen täterschaftlicher fahrlässiger Begehung und versuchter Anstiftung zur Tötung zu bestrafen.

(2) 2. Ansicht

Nach Rechtsprechung des BGH ist die Beachtlichkeit des Irrtums für den Anstifter zu bejahen, wenn die Verwechslung durch den Täter außerhalb der allgemeinen Lebenserfahrung liegt[66]. Demzufolge ist ein error in persona des Täters u.U. auch für den Anstifter unbeachtlich.

A hat nur sehr vage Beschreibungen des X und über sein Erscheinen im Park gegeben, er überließ also die Konkretisierung des Opfers dem C. Damit liegt es nicht außerhalb der Lebenswahrscheinlichkeit, dass B oder C einen Falschen töteten, gerade weil die spezielle Konkretisierung des Opfers in ihren Händen lag. A ist somit nach dieser Ansicht als Anstifter zu behandeln.

Es ist auch gut vertretbar, hier der anderen Meinung zu folgen. Der Anstifter hat schließlich keine Kontrollmöglichkeit mehr.

(3) Entscheid

Der Anstifter greift das gesetzlich geschützte Rechtsgut durch seine Einwirkung auf den Täter mittelbar an[67]. Das geschützte Rechtsgut der Tötungsdelikte ist das Leben. Dieses wird auch dann verletzt und nicht nur gefährdet, wenn der Täter über die Identität des Opfers irrt. Folglich muss dem Anstifter der Irrtum dann zugerechnet werden, wenn es für ihn erkennbar war, also innerhalb der Lebenswahrscheinlichkeit lag, dass der Täter sich bei der Auswahl des Opfers irrt. Daher ist hier der Meinung des BGH zu folgen.

Demnach ist der Irrtum des C für A unbeachtlich. Er muss sich folglich auch den Tod des Y zurechnen lassen.

c) Ergebnis

Sowohl der objektive als auch der subjektive Tatbestand sind durch A erfüllt.

Somit ist der Tatbestand der §§ 212 I, 26 erfüllt.

III.   Rechtswidrigkeit

Das Handeln des A könnte durch einen Rechtfertigungsgrund gerechtfertigt sein.

Es sind jedoch keine Rechtfertigungsgründe ersichtlich.

Folglich handelte A rechtswidrig.

Hier hätte auch zunächst eine Prüfung der Strafbarkeit des A wegen mittäterschaftlichen Mordes erfolgen können, da er schließlich als "Bandenchef" fungiert haben könnte.

---

[66] BGHSt 37, 214, 214; BGH NStZ 1998, 294, 295.
[67] Schönke / Schröder – Cramer/Heine § 26 Rn.12..

Problematisch kann die Abgrenzung zwischen error in persona und aberratio ictus sein, wenn beim Irrtum eine sinnliche Objekterfassung durch den Täter nicht stattfindet. S. BGH NStZ 98, 294 zum Problem bei Sprengstofffallen (sehr lesenswert!).

IV. Schuld

Fraglich ist, ob A auch schuldhaft gehandelt hat.
Es sind keine Schuldausschließungsgründe ersichtlich.
Somit handelte A schuldhaft.

V. Mordmerkmale

Fraglich ist, ob die für eine Bestrafung wegen Anstiftung zum Mord notwendigen Merkmale vorliegen.
Es könnte das gleiche Mordmerkmal wie bei B und C vorliegen, das der Habgier.
A will den X ausschalten, damit er einen lästigen Konkurrenten beseite schafft. Dieses „Loswerdenwollen" durch einen Auftragsmord stellt ein Gewinnstreben um jeden Preis dar.
Folglich liegt bei A ebenfalls das Mordmerkmal der Habgier vor, was eine Bestrafung nach §§ 211, 26 begründet.

VI. Ergebnis

A hat sich durch das Anstiften des B und des C zum Mord wegen vollendeter Anstiftung zum Mord gemäß §§ 211, 212 I, 26 strafbar gemacht.

- Ende der Bearbeitung -

SACHVERHALT

2. Hausarbeit

A und X sind verfeindet. Um den X endlich loszuwerden, beschließt A, ihn umzubringen. Da er weiß, dass sein Freund B eine Pistole besitzt, bittet er ihn, ihm diese zu leihen. Dabei weiht er ihn in sein Vorhaben ein. A will den X an einem der nächsten Tage in seine Wohnung locken, um ihn dort zu erschießen. B ist einverstanden und händigt dem A die Pistole aus. Diese war jedoch – was weder A noch B wissen – in der Vergangenheit nass geworden und ist deshalb vollkommen funktionsuntüchtig.

Es gelingt A am nächsten Tag tatsächlich, X zu überreden, ihn (den A) zu besuchen. Als X dem A während dieses Besuches den Rücken zudreht, sieht dieser seine Chance, zieht die Pistole aus der Tasche und drückt – von X unbemerkt – ab. Da sich jedoch kein Schuss löst, erkennt A die Funktionsuntüchtigkeit der Waffe und steckt sie schnell wieder ein.

Als X die Wohnung des A verlassen hat, fällt dem A ein, dass er ja selbst eine Pistole von seinem Großvater geerbt hat. Er beschließt, mit dieser sein Werk bei nächster Gelegenheit zu vollenden. Am nächsten Tag kommt der X erneut bei A vorbei, um seinen vergessenen Regenschirm bei A abzuholen. Diesen kann er jedoch nicht mehr entgegennehmen, da A ihn durch einen Schuss aus Großvaters Pistole niederstreckt. Über seine Tat erschrocken, verlässt A fluchtartig die Wohnung.

In der Zwischenzeit hat B die Konsequenzen seines Handelns überdacht und will den A nunmehr von seinem Vorhaben abbringen und die geliehene Pistole zurückfordern. Er fährt zu der Wohnung des A und findet dort X schwerverletzt am Boden liegend vor. Im Glauben, A habe mit der geliehenen Pistole auf X geschossen, bringt er den X in ein Krankenhaus, wo dieser gerettet werden kann.

Auf dem Nachhauseweg gerät B aus Unachtsamkeit mit seinem PKW teilweise auf den Bürgersteig. Im selben Moment torkelt der betrunkene Y auf die Fahrbahn und wird vom Auto des B erfasst. B gibt sich die Schuld an dem Unfall. Da er Scherereien befürchtet, lässt er den lebensgefährlich verletzten Y auf der Straße liegen und fährt davon. Dabei geht er davon aus, dass Y noch gerettet werden kann.

Nach einer halben Stunde plagt B sein schlechtes Gewissen. Er verständigt die Polizei telefonisch von dem Vorfall. Obwohl diese sofortige Rettungsmaßnahmen einleitet, erliegt Y seinen Verletzungen. Später stellt sich heraus, dass der Unfall bei ordnungsgemäßer Fahrweise des B höchstwahrscheinlich ebenso passiert wäre.

Im Übrigen wäre Y auch bei sofortiger Hilfe gestoben, da seine Verletzungen so schwerwiegend waren.

Prüfen Sie die Strafbarkeit von A und B unter Beschränkung auf Körperverletzungs- und Tötungsdelikte. Auf § 211 StGB ist nicht einzugehen.

INHALTSVERZEICHNIS

GUTACHTEN

1. Tatkomplex: Der 1. Tötungsversuch

Teil 1: Strafbarkeit des A

A. Strafbarkeit des A gem. §§ 212 I, 22, 23 I, 12 I StGB[1]

A könnte sich dadurch, dass er mit einer Pistole auf X zielte und abdrückte wegen versuchten Totschlags gem. §§ 212 I, 22, 23 I, 12 I strafbar gemacht haben.

I. Vorprüfung

Die Tat ist nicht vollendet. X ist nicht getötet worden. Die Strafbarkeit des Versuchs folgt aus den §§ 212 I, 23 I, 12 I.

II. Tatbestandsmäßigkeit

A müsste tatbestandsmäßig gehandelt haben.

1. Tatentschluss

A müsste einen Entschluss zur Tat gehabt haben.

Tatentschluss bedeutet Vorsatz, also Wissen und Wollen der Verwirklichung aller objektiven Tatbestandsmerkmale[2]. A wusste, dass er durch das Abdrücken der auf X gerichteten Pistole diesen töten könnte. Genau das wollte er. A hatte also den notwendigen Tatentschluss.

Fraglich ist aber weiterhin, wie sich die Funktionsuntüchtigkeit der Waffe strafrechtlich auswirkt. Die Funktionsuntüchtigkeit der Waffe macht sie als Instrument zur Tötung des X durch A untauglich.

Entscheidend ist aber allein die Vorstellung des Täters von der Tauglichkeit seiner Handlung, wobei unerheblich ist, ob er hinsichtlich der Tauglichkeit des Objektes oder des Mittels irrt[3].

A ist überzeugt, dass er mit der von B geliehenen Pistole den X erschießen kann.

Die Funktionsuntüchtigkeit ist somit für den Tatentschluss unerheblich.

---

[1] Alle weiteren Paragraphen sind solche des StGB, sofern sie nicht anders gekennzeichnet sind.

[2] Roxin, Strafrecht AT, § 12, Rn. 4; Wessels / Beulke, Strafrecht AT, Rn. 203.

[3] Lackner / Kühl, § 22, Rn. 12; Schönke / Schröder –Eser, § 22, Rn. 60 ff.

Wichtig:

Einhaltung eines „sauberen" Gutachtenstils.
1. Frage aufwerfen
2. Frage erörtern
3. Frage beantworten.

*Nicht immer gilt ausschließlich die Vorstellung des Täters bei der Bejahung der Versuchsstrafbarkeit. Eine Ausnahme bildet das sog. **Wahndelikt.***

In Zweifelsfällen sollte immer eine saubere Abgrenzung erfolgen.

Hier nur die h.M.
– gemischt subj-
obj. Theorie. Bei
Problemen zum
unmittelbaren An-
setzen muss auch
auf die anderen
Theorien einge-
gangen werden.

1. Subj. Theorie
(GS, 19, 71);

2. Zwischenakts-
theorie (SK-
Rudolphi, § 22,
Rn. 13; Berz,
Jura 84, S. 511
ff);

3. Gefährdungs-
theorie (Otto,
GK, AT, § 18 II
3 b.

2. Unmittelbares Ansetzen

A müsste durch das Abdrücken der Pistole unmittelbar zur Tat angesetzt haben.

Ein unmittelbarer Ansatz liegt immer dann vor, wenn das Verhalten des Täters nach dem Gesamtplan so eng mit der tatbestandlichen Ausführungshandlung verknüpft ist, dass es bei ungestörtem Fortgang ohne längere Unterbrechung im Geschehensablauf unmittelbar zur Verwirklichung des Tatbestandes führen soll[4].

Bei einem ungestörten Fortgang, also bei einer funktionstüchtigen Waffe, wäre es ohne längere Unterbrechung im Geschehensablauf zu einer unmittelbaren Verwirklichung des Tatbestandes gekommen.

Ein unmittelbarer Ansatz liegt folglich vor.

III. Rechtswidrigkeit

Rechtfertigungsgründe sind aus dem Sachverhalt nicht ersichtlich. A handelt rechtswidrig.

IV. Schuld

Auch Schuldausschließungs- oder Entschuldigungsgründe sind dem Sachverhalt nicht zu entnehmen; damit geschah die Tat schuldhaft.

V. Rücktritt

Das Einstecken der Waffe durch A könnte als Rücktritt gem. § 24 I 1. Alt. angesehen werden.

Der Anwendungsbereich des § 24 erfasst nicht den fehlgeschlagenen Versuch[5].

Fehlgeschlagen ist ein Versuch dann, wenn der Täter glaubt, das Ziel seines Handelns in der konkreten Situation nicht erreichen zu können[6].

Entgegen der älteren Einzelaktstheorie, bei der jeder einzelne Ausführungspunkt gesondert erfasst und im Falle des Scheiterns als fehlgeschlagener Versuch beurteilt wird[7], betrachtet die Rechtspre-

---

[4] Schöncke / Schröder - Eser, § 22, Rn. 39.
[5] Wessels / Beulke, Strafrecht AT, Rn. 628.
[6] Wessels / Beulke, Strafrecht AT, Rn. 628.
[7] Jakobs, JuS 1980, 714, 715; Schönke / Schröder - Eser, § 24, Rn. 15; Ulsenheimer, Grundfragen des Rücktritts vom Versuch in Theorie und Praxis, S. 240.

chung heute alle vorgenommenen Handlungen nach der Gesamtbe-
trachtungslehre als eine Einheit[8].

Hiernach wäre der Versuch folglich fehlgeschlagen, wenn A der
Ansicht gewesen wäre, dass es ihm nicht mehr möglich gewesen
sei, den Erfolg in der konkreten Situation herbeiführen zu können.

A versuchte, den X mit einer funktionsuntüchtigen Waffe zu erschießen. Erst als er die Funktionsuntüchtigkeit der Waffe bemerkt
hat, nachdem er auf den X gezielt und abgedrückt hatte tritt er von
seinem Tötungsvorhaben zurück, da er glaubt, seinen gewünschten
Erfolg, die Tötung des X, durch die funktionsuntüchtige Waffe
nicht herbeiführen zu können.

Es liegt also nur eine Ausführungshandlung vor, so dass beide Theorien zu dem gleichen Ergebnis gelangen.

Demzufolge liegt ein fehlgeschlagener Versuch vor. § 24 I 1. Alt.
findet mithin keine Anwendung.

VI. Ergebnis

A hat sich gem. §§ 212 I, 23 I, 22, 12 I strafbar gemacht.

B. Strafbarkeit des A gem. §§ 223, 224 I Nr. 2, 22, 23 I

A könnte sich dadurch, dass er mit einer Pistole auf X zielte und
abdrückte wegen versuchter gefährlicher Körperverletzung gem. §§
223, 224 I Nr. 2, 22, 23 I strafbar gemacht haben.

I. Vorprüfung

Die Tat ist nicht vollendet worden. X ist nicht körperlich misshandelt oder in seiner Gesundheit beeinträchtigt worden.

Die Strafbarkeit des Versuchs folgt aus §§ 223 II, 22, 23 I.

II. Tatbestandsmäßigkeit

A müsste tatbestandsmäßig gehandelt haben.

1. Tatentschluss

A müsste einen Entschluss zu Tat gehabt haben.

Tatentschluss bedeutet Vorsatz, also Wissen und Wollen der Verwirklichung aller objektiven Tatbestandsmerkmale[9].

Bei der Definition des Tatentschlusses genügt auch ein Querverweis nach oben. *Automatisch geht das so:*

Klick auf Einfügen, Querverweis und dann den entsprechenden Gliederungspunkt auswählen.

---

[8] BGHSt 10, 129, 129; BGHSt 34, 53, 56.
[9] Roxin, Strafrecht AT, § 12, Rn. 4.

Bei mehreren Prüfungen von Qualifikationsalternativen sollte die Prüfung durch getrennte Prüfungsschritte erfolgen.

A wusste, dass er durch die Abgabe eines Schusses den X körperlich misshandeln oder dessen Gesundheit beeinträchtigen könnte.

Ebenso wollte er die Tat mit der geliehenen Pistole des B ausüben. Er besaß somit den Vorsatz, die Tat mittels eines gefährlichen Werkzeuges gem. § 224 I Nr. 2 auszuführen.

A wollte den X töten. Er besaß folglich den Vorsatz, an X eine das Leben gefährdende Behandlung zu begehen.

Insgesamt hatte A damit den erforderlichen Tatentschluss.

2. Unmittelbares Ansetzen

Der A müsste auch unmittelbar zur Tat angesetzt haben.

Bei Verweisen nach oben immer Fußnote mit der entsprechenden Gliederungsebene einfügen.

Das unmittelbare Ansetzen wurde bereits beim versuchten Totschlag geprüft.[10] A hat folglich unmittelbar zur Tat angesetzt.

III. Rechtswidrigkeit

Rechtfertigungsgründe sind dem Sachverhalt nicht zu entnehmen. Die Tat geschah rechtswidrig.

IV. Schuld

Schuldausschließungs- und Entschuldigungsgründe kommen hier ebenfalls nicht in Betracht.

V. Ergebnis

zur Körperverletzung s. Wolters, Die Neufassung der Körperverletzungsdelikte, JuS 1998, 582.

A hat sich wegen versuchter gefährlicher Körperverletzung gem. §§ 223, 224 I Nr. 2, 22, 23 I strafbar gemacht.

C. Konkurrenzen

A hat sich gem. §§ 212, 22, 23 I, 12 I wegen versuchten Totschlages und gem. §§ 223, 224 I Nr. 2, 22, 23 I wegen versuchter gefährlicher Körperverletzung strafbar gemacht.

Soweit der Tötungsversuch eine noch nicht vollendete Körperverletzung bewirkt hat, tritt der im weiterreichenden Tötungsversuch enthaltene Körperverletzungsversuch grundsätzlich zurück[11].

Somit tritt eine Strafbarkeit zur versuchten gefährlichen Körperverletzung im Wege der Gesetzeskonkurrenz hinter §§ 212 I, 22, 23 I, 12 I zurück.

---

[10] A.II.2.
[11] Schönke / Schröder - Eser, § 212, Rn. 22.

Teil 2: Strafbarkeit des B

A. Strafbarkeit des B gem. §§ 212 I, 22, 23 I, 12 I, 27

B könnte sich dadurch, dass er dem A eine funktionsuntüchtige Waffe geliehen hat wegen Beihilfe zum versuchten Totschlag gem. §§ 212 I, 22, 23 I, 12 I, 27 strafbar gemacht haben.

I. Tatbestandsmäßigkeit

B müsste zunächst tatbestandsmäßig gehandelt haben.

1. Objektiver Tatbestand

Zunächst müsste der objektive Tatbestand erfüllt sein.

a) Vorsätzliche und rechtswidrige Haupttat

Mit dem versuchten Totschlag durch den A liegt eine tatbestandsmäßige und rechtswidrige Haupttat vor.

b) Gehilfenhandlung durch B

Der B müsste dem A durch das Verleihen der Pistole Hilfe geleistet haben.

Ein Hilfeleisten liegt in jedem Tatbeitrag, der die Haupttat ermöglicht oder erleichtert oder die vom Täter begangene Rechtsgutverletzung verstärkt hat[12].

Das Verleihen der Waffe stellt eine derartige Hilfeleistung dar, die es A erst ermöglicht, seine Tat, nämlich den ersten fehlgeschlagenen Versuch auszuführen. Der B leistet somit physische Beihilfe.

Weiterhin könnte der B dem A durch das Überlassen der Pistole psychische Beihilfe geleistet haben. Dann hätte der B dem A in seiner Entscheidung den X zu erschießen mit Rat zur Seite stehen müssen[13].

Rat ist jede geistige Unterstützung, die auch in der Stärkung des Entschlusses des Täters liegen kann[14].

Der A hat sich jedoch ohne Rat oder eine andere Stärkung seines Entschlusses vorgenommen, den X zu töten.

Somit liegt nur eine physische und keine psychische Beihilfe vor.

Der objektive Tatbestand ist somit erfüllt.

(Randbemerkung)

Bei der Beihilfe müssen folgende Probleme u.U. beachtet werden.

1. Muss der Gehilfenbeitrag für den Erfolg kausal sein? (nein, h.M. Sch/Sch-Cramer, § 27, Rn. 10);

2. Ist psychische Beihilfe durch das Bestärken des Tatentschlusses strafbar? (ja, h.M. BGH in JZ 83, S. 462);

3. Ist die Unterstützung des Haupttäters durch neutrales Alltagsverhalten strafbar? (h.M. BGH in StV 85, S. 279)

---

[12] Wessels / Beulke, Strafrecht AT, Rn. 582.
[13] Baumann / Weber / Mitsch , Strafrecht AT § 31 Rn.19.
[14] Schönke / Schröder – Cramer/Heine, § 27, Rn. 12.

Aufbau der Bei-
hilfe immer be-
achten!

1. Obj. Tb.

2. Subj. Tb.

(3. § 28 II)

4. RW

5. Schuld

(6. § 28 II)

2. Subjektiver Tatbestand

Weiterhin müsste der subjektive Tatbestand erfüllt sein.

a) Vorsatz bezüglich der Haupttat

B wusste, dass der A die Pistole dazu benutzen wollte, um den X zu töten. Somit wusste der B, dass A den X erschießen wollte und befürwortete die geplante Tatvollendung.

B wird von A in sein Vorhaben eingeweiht und händigt ihm ohne Einschränkungen die Waffe aus. Dass eine Funktionsuntüchtigkeit der Pistole vorlag, war dem B zu diesem Zeitpunkt nicht bekannt und hat dadurch keinen Einfluss auf seinen Vorsatz bezüglich der Haupttat.

Folglich wollte der B ebenso die Vollendung der Haupttat und handelte somit mit Vorsatz.

b) Vorsatz bezüglich der Gehilfenhandlung

Da der B in das Vorhaben des A eingeweiht war und ihm die Waffe aushändigt, handelt B vorsätzlich bezüglich der Gehilfenhandlung.

Der subjektive Tatbestand ist somit erfüllt.

II. Rechtswidrigkeit

Rechtfertigungsgründe sind dem Sachverhalt nicht zu entnehmen. B handelt rechtswidrig.

III. Schuld

Schuldausschließungs- und Entschuldigungsgründe sind dem Sachverhalt ebenfalls nicht zu entnehmen. B handelt somit schuldhaft.

IV. Rücktritt

Indem der B die Konsequenzen seines Handelns überdacht hat, zur Wohnung des A fährt und daraufhin den X in ein Krankenhaus bringt, könnte der B von seiner Tat gem. 24 II S. 2 zurückgetreten sein.

Da der versuchte Totschlag, der mit der Waffe des B ausgeübt wurde, bereits vollendet ist und die zweite Tat, durch die der X tatsächlich verletzt wurde, nicht mehr kausal zur ersten ist, erscheint es fraglich, ob der B noch von seiner Tat zurücktreten kann. Es stellt sich also die Frage, ob das Bemühen des B den Anforderungen genügt, die im Rahmen des § 24 II S. 2 an ein ernstliches und freiwilliges Bemühen zu stellen sind.

Dann müsste sich der B zunächst freiwillig und ernsthaft bemüht haben, von seiner Tat zurückzutreten.

Freiwillig ist der Rücktritt, wenn er nicht durch zwingende Hinderungsgründe veranlasst wird, sondern der eigenen autonomen Entscheidung des Täters entspringt[15].

Ein ernsthaftes Bemühen liegt vor, wenn der Täter alles tut, was aus seiner Sicht zur Abwendung des drohenden Erfolges notwendig und geeignet ist[16].

B fährt zur Wohnung des A und bringt den X in ein Krankenhaus, ohne dass außen liegende Umstände ihn dazu zwingen. Er handelt autonom, mithin freiwillig. Des Weiteren erscheint der Transport in ein Krankenhaus als Abwendung des drohenden Erfolges, hier der Tod des X, aus der Sicht des B als notwendig und geeignet, so dass auch ein ernsthaftes Bemühen des B zu bejahen ist.

Allerdings wurde hier der versuchte Totschlag bereits beendet und zwar durch die entliehene Pistole des B. Nach § 24 II entfällt eine Bestrafung wegen Beihilfe aber nur dann, wenn der Gehilfe zugleich die Vollendung der begonnen Tat verhindert[17]. Dies ist ihm zu dem Zeitpunkt seines Rücktrittswillens aber nicht mehr möglich. Hätte es sich bei der Schusswaffe um ein taugliches Tatmittel gehandelt, käme sein Bemühen nämlich zu spät. Es ist nicht ersichtlich, aus welchem Grund das „Glück" der Funktionsuntüchtigkeit der Waffe bei dem Rücktritt zu Gunsten des B ausgelegt werden sollte.

§ 24 II S. 2 findet somit keine Anwendung. Damit ist B nicht strafbefreiend zurückgetreten.

V. Ergebnis

B hat sich der Beihilfe zum versuchten Totschlag gem. §§ 212 I, 22, 23 I, 12 I, 27 strafbar gemacht.

B. Strafbarkeit des B gem. §§ 223, 224 I Nr.2, 22, 23 I, 27

B könnte sich dadurch, dass er dem A eine Waffe geliehen hat der Beihilfe zur versuchten gefährlichen Körperverletzung gem. §§ 223, 224 I Nr. 2, 22, 23 I, 27 strafbar gemacht haben.

Merke:

Es gibt die Beihilfe zum Versuch, nicht aber die versuchte Beihilfe!!!

---

[15] Wessels / Beulke, Strafrecht AT, Rn. 651.
[16] Maiwald, FS Wolff, S. 337, 340; Wessels / Beulke, Strafrecht AT, Rn. 647.
[17] Wessels / Beulke, Strafrecht AT, Rn. 648.

I. Tatbestandsmäßigkeit

Zunächst müsste B tatbestandsmäßig gehandelt haben.

1. Objektiver Tatbestand

Fraglich ist, ob der objektive Tatbestand erfüllt ist.

a) Vorsätzliche und rechtswidrige Haupttat

Mit der versuchten gefährlichen Körperverletzung durch den A liegt eine vorsätzliche und rechtswidrige Haupttat vor.

b) Gehilfenhandlung durch den B

Der B müsste dem A durch das Verleihen der Pistole Hilfe zur vorsätzlichen, rechtswidrigen Haupttat geleistet haben.

Das Verleihen der Waffe stellt eine Hilfeleistung dar, die es A erst ermöglicht, seine Tat, nämlich die versuchte gefährliche Körperverletzung, auszuführen.

B leistet somit wie bei der Beihilfe zum versuchten Totschlag physische Beihilfe.

2. Subjektiver Tatbestand

Der subjektive Tatbestand wurde bereits bei der Beihilfe zum versuchten Totschlag geprüft und ist an dieser Stelle ebenfalls zu bejahen.

II. Rechtswidrigkeit und Schuld

Die Tat geschah rechtswidrig und schuldhaft.

III. Rücktritt

Ein Rücktritt scheidet aus den oben geschilderten Umständen aus.

IV. Ergebnis

B hat sich wegen versuchter gefährlicher Körperverletzung gem. §§ 223, 224 I Nr. 2, 22, 23 I, 27 strafbar gemacht.

C. Konkurrenzen

Die Strafbarkeit des B zur Beihilfe der versuchten gefährlichen Körperverletzung tritt im Wege der Gesetzeskonkurrenz hinter §§ 212 I, 22, 23 I, 12 I, 27 zurück.

Merke:

Im Strafrecht sollte, wenn man sauber arbeiten möchte, zwischen Schuld und Strafbarkeit unterschieden werden. Bei jedem Ergebnis der Prüfung der einzelnen Tatbestände hat sich der Täter zunächst schuldig oder nicht schuldig gemacht. Danach erfolgt die Prüfung der Strafbarkeit, z.B. durch die Prüfung, ob durch den Rücktritt die Strafbarkeit entfallen ist. Wie der Täter sich dann insgesamt strafbar gemacht hat, wird dann erst in den Konkurrenzen endgültig festgestellt.

2. Tatkomplex: Der 2. Tötungsversuch

A. Strafbarkeit des A gem. §§ 212 I, 22, 23 I, 12 I

Mit dem Schuss auf den X am darauf folgenden Tag könnte sich A
wegen versuchten Totschlags gem. §§ 212 I, 22, 23 I, 12 I strafbar
gemacht haben.

I. Vorprüfung

Die Tat ist nicht vollendet. X ist nicht getötet worden. Die Strafbarkeit des Versuchs folgt aus §§ 212 I, 23 I, 12 I.

Fraglich ist, ob der erneute Versuch als eigenständige Tat oder als
Weiterführung des ursprünglichen Tatentschlusses anzusehen ist.

Wenn die Tat nach der Vorstellung des Täters zur gegebenen Zeit
am vorgesehenen Ort nicht mehr vollendet werden kann, vielmehr
nur noch mit einer ins Gewicht fallenden zeitlichen Verzögerung
durch das Ingangsetzen einer neuen Kausalkette zu verwirklichen
ist, liegt ein Fehlschlag vor und damit das Ende des vorangegange-
nen Geschehens.

A konnte die Tat am Ende nicht vollenden. Durch den nicht vorliegenden unmittelbaren, zeitlichen Anschluss des zweiten Tötungs-
versuchs und dem daraus folgenden Ingangsetzen einer neuen Kausalkette ist diese Tat eigenständig zu prüfen.

II. Tatbestandsmäßigkeit

A müsste tatbestandsmäßig gehandelt haben.

1. Tatentschluss

A müsste einen Entschluss zur Tat gehabt haben. Tatentschluss bedeutet Vorsatz, also Wissen und Wollen der objektiven Tatbestandsmerkmale[18].

A wusste, dass er durch den Schuss auf den X diesen töten könnte.
Genau das wollte er. A hatte folglich den erforderlichen Tatentschluss.

2. Unmittelbares Ansetzen

Mit der Abgabe des Schusses müsste A unmittelbar zur Tat angesetzt haben.

Besonders beim Rücktritt kann diese Unterscheidung von Bedeutung sein, sog. Problem beim Fehlschlag bei mehraktigem Versuch. Hierzu werden dann drei Lösungsansätze vertreten.

1. Tatplantheorie (BGHSt 10, S. 129; 14, S. 75);

2. Einzelakttheorie (Baumann/ Weber § 33 II)

3. Lehre vom Rücktrittshorizont (BGHSt 31, S. 17; Roxin in: JR 1986, S. 424).

---

[18] Roxin, Strafrecht AT, § 12, Rn. 4; Wessels / Beulke, Strafrecht AT, Rn. 203.

Ein unmittelbarer Ansatz liegt immer dann vor, wenn das Verhalten des Täters nach dem Gesamtplan so eng mit der tatbestandlichen Ausführungshandlung verknüpft ist, dass es bei ungestörtem Fortgang ohne längere Unterbrechung im Geschehensablauf unmittelbar zur Verwirklichung des gesamten Tatbestandes führen soll[19].

A hat auf den X geschossen und wollte diesen töten. Weitere Schritte waren nach seiner Vorstellung von der Tat nicht erforderlich.

A hat somit unmittelbar zur Tat angesetzt.

III. Rechtswidrigkeit

Rechtfertigungsgründe sind nicht ersichtlich. Deshalb geschah die Tat rechtswidrig

IV. Schuld

Schuldausschließungs- oder Entschuldigungsgründe sind ebenfalls nicht ersichtlich. A handelte mithin schuldhaft.

V. Ergebnis

A hat sich gem. §§ 212 I, 22, 23 I, 12 I strafbar gemacht.

B. Strafbarkeit des A gem. §§ 223, 224 I Nr. 2, 3, 5

Ferner könnte sich A durch die Abgabe des Schusses auf den X gem. §§ 223, 224 I Nr. 2, 3, 5 strafbar gemacht haben.

I. Tatbestandsmäßigkeit

A müsste zunächst den Tatbestand erfüllt haben.

1. Objektiver Tatbestand

a) Körperliche Misshandlung oder Gesundheitsbeschädigung

A müsste den X körperlich misshandelt oder dessen Gesundheit beschädigt haben.

Unter einer körperlichen Misshandlung versteht man jede üble, unangemessene Behandlung des Körpers, insbesondere eine das kör-

---

[19] Schönke / Schröder - Eser, § 22, Rn. 36ff.

perliche Wohlbefinden oder die körperliche Unversehrtheit mehr als unerheblich beeinträchtigende Körpereinwirkung[20].

Unter Gesundheitsbeschädigung versteht man das Hervorrufen oder Steigern eines anormalen, körperlichen oder seelischen Zustandes auch vorübergehender Natur[21].

Der Schuss, den der A auf den X abfeuerte, beeinträchtigte das körperliche Wohlbefinden des A und rief zusätzlich einen anormalen körperlichen Zustand hervor, so dass sowohl eine körperliche Misshandlung als auch eine Gesundheitsbeschädigung vorliegt.

b) Qualifikationsmerkmale gem. § 224 I Nr. 2, 3, 5

Die Tat geschah mit einer Pistole, also mittels einer Waffe, so dass das Qualifikationsmerkmal gem. § 224 I Nr. 2 vorliegt.

Weiterhin könnte der A den X mittels einer das Leben gefährdenden Behandlung gem. § 224 I Nr. 5 verletzt haben.

Bei einer solchen lebensgefährdenden Behandlung ist es streitig, ob es erforderlich ist, dass die Behandlung als solche nur an sich geeignet ist, das Leben zu gefährden oder ob im konkreten Fall eine Gefährdung des Lebens eingetreten sein muss[22]. Ein Schuss aus einer Pistole ist geeignet, um das Leben eines anderen Menschen zu gefährden. X erlitt im vorliegenden Sachverhalt eine durch den Schuss des A bedingte lebensgefährliche Verletzung. Beide Ansichten führen in diesem Fall daher zu dem gleichen Ergebnis. Daher muss hier nicht entschieden werden, welche Auffassung den Vorzug verdient, und eine Verletzung mittels einer lebensgefährdenden Behandlung gem. § 224 I Nr. 5 ist ebenfalls zu bejahen.

Ein hinterlistiger Überfall besteht darin, dass der Täter planmäßig in einer auf Verdeckung seiner wahren Absicht gerichteten Weise zu Werke geht, um gerade hierdurch den Angegriffenen die Abwehr des nicht erwarteten Angriffs zu erschweren[23].

A hat den Plan den X bei „nächster Gelegenheit" zu töten. X erscheint bei A am darauf folgenden Tag, um seinen vergessenen Regenschirm abzuholen und wird von A direkt beim Öffnen der Tür mit einem Schuss niedergestreckt.

---

[20] BGHSt 14, 269, 269; Welzel, Das Deutsche Strafrecht AT, § 39, 288; Wessels / Hettinger, Strafrecht BT 1, Rn. 255.

[21] BGHSt 36, 1, 6; 43, 346, 354; Lackner / Kühl, § 223, Rn. 5; Welzel, Das Deutsche Strafrecht AT, § 39, 288; Wessels / Hettinger, Strafrecht BT 1, Rn. 257.

[22] Schönke / Schröder – Stree, § 224 Rn. 12

[23] Krey / Heinrich. Strafrecht BT I, § 3, Rn.251.

A hat somit nicht in einer zur Verdeckung seiner wahren Absichten gerichteten Weise gehandelt.

Der objektive Tatbestand des § 224 I Nr. 3 ist damit nicht erfüllt.

c) Zwischenergebnis

Der objektive Tatbestand des § 223 und des § 224 I Nr. 2 und 5 ist mithin erfüllt.

2. Subjektiver Tatbestand

A müsste vorsätzlich gehandelt haben. Vorsatz bedeutet Wissen und Wollen der Tatbestandsverwirklichung[24].

A wusste, dass er mit dem Schuss auf den X diesen töten konnte und handelte bezüglich des versuchten Totschlages vorsätzlich.

Fraglich ist, ob der Tötungsvorsatz den Körperverletzungsvorsatz umfasst.

Subjektiv ist nach h.M. in jedem Tötungsvorsatz stets der einer Körperverletzung zumindest in Form von Mitbewusstsein enthalten[25].

Somit handelte X vorsätzlich.

II. Rechtswidrigkeit

Rechtfertigungsgründe liegen nicht vor. Die Tat geschah deshalb rechtswidrig.

III. Schuld

Schuldausschließungs- und Entschuldigungsgründe kommen hier ebenfalls nicht in Betracht. A handelte folglich schuldhaft.

IV. Ergebnis

A hat sich gem. § 223, 224 I strafbar gemacht.

C. Konkurrenzen

A hat sich wegen versuchten Totschlags gem. §§ 212 I, 22, 23 I, 12 I und einer gefährlichen Körperverletzung gem. §§ 223, 224 I Nr. 2 und 5 strafbar gemacht.

Eine vollendete Körperverletzung wird durch eine versuchte Tötung nicht verdrängt[26]. Somit stehen an dieser Stelle beide Taten in Idealkonkurrenz zueinander.

Im Gegensatz dazu wird auch vereinzelt die Gegensatztheorie vertreten (vgl. Arzt/Weber I 97 f.; v. Welzel, Weber-FS, S. 242.

Sollte man keine Idealkonkurrenz bejahen, würde der Umstand nicht ausreichend berücksichtigt, dass der Verletzungserfolg eingetreten ist. Hirsch (LK Rn.18 vor § 223) sieht hier aber eine unzulässige doppelte Bewertung des Vorsatzes.

---

[24] Tröndle / Fischer, § 15, Rn. 3.
[25] Schönke / Schröder - Eser, § 212, Rn. 18.
[26] Schönke / Schröder - Eser, § 212, Rn. 23.

3. Tatkomplex: Die Fahrt des B

A. Strafbarkeit des B gem. § 212 I

B könnte sich dadurch, dass er den Y mit seinem Wagen erfasste, wegen Totschlages gem. § 212 I strafbar gemacht haben.

I. Tatbestandsmäßigkeit

1. Objektiver Tatbestand

Der B hat durch seine Handlung, indem er Y mit seinem PKW erfasste, den Tod eines anderen Menschen zurechenbar verursacht. Die Handlung des B ist somit Conditio-sine-qua-non für den Taterfolg.

Der objektive Tatbestand ist daher erfüllt.

2. Subjektiver Tatbestand

B müsste vorsätzlich gehandelt haben.

Der Y torkelt auf die Fahrbahn und wird vom Wagen des B erfasst. B besaß aber zu keiner Zeit den Willen, den Y zu töten.

Folglich fehlt es im Hinblick auf den Tod des Y am Tötungswillen des B, so dass B ohne Vorsatz handelt.

II. Ergebnis

Eine Strafbarkeit des B gem. § 212 I scheidet hinsichtlich des Y aus.

B. Strafbarkeit des B gem. § 222

B könnte sich durch das Erfassen des Y mit seinem PKW einer fahrlässigen Tötung gem. § 222 strafbar gemacht haben.

I. Tatbestandsmäßigkeit

1. Erfolg und Kausalität

Die von B unternommene Fahrt mit dem PKW ist Conditio-sine-qua-non für den Tod des Y.

2. Objektive Sorgfaltspflichtverletzung

Die objektive Sorgfaltspflichtverletzung bestimmt sich nach allgemeinem Maßstab der Anforderungen, die an einsichtige und besonnene Menschen in der konkreten Lage des Täters zu stellen sind[27].

Aufbau eines Fahrlässigkeitsdeliktes:
1. Erfolg und Kausalität
2. Obj. Sorgfaltspflichtverletzung bei obj. Vorhersehbarkeit des Erfolges
3. Pflichtwidrigkeitszusammenhag (das ist die obj. Zurechnung)
4. Schutzzweck der Norm

---

[27] Lackner / Kühl, § 15, Rn. 37.

B fährt zum Zeitpunkt des Unfalls teilweise auf dem Bürgersteig. Das Autofahren setzt hingegen das Fahren auf der Straße voraus. B handelt folglich objektiv sorgfaltswidrig.

3. Objektive Voraussehbarkeit

Der Erfolg müsste für B objektiv voraussehbar sein.

Objektive Voraussehbarkeit liegt vor, wenn der eingetretene tatbestandsmäßige Erfolg nach allgemeiner Lebenserfahrung erwartet werden konnte.[28]

Beim Fahren auf einem Bürgersteig, der von Fußgängern begangen wird, musste der B damit rechnen, einen Fußgänger zu verletzen. Somit war der Erfolg objektiv voraussehbar.

4. Objektive Zurechnung

Bei der objektiven Zurechnung stehen sich zwei Grundpositionen gegenüber.

a) Vermeidbarkeitstheorie

Die erste Position fordert auf der Grundlage der sogenannten Vermeidbarkeitstheorie, dass der Erfolg bei gehöriger Sorgfalt mit an Sicherheit grenzender Wahrscheinlichkeit vermieden worden wäre[29].

Der B kommt mit seinem PKW teilweise auf den Bürgersteig, wobei der Y im selben Augenblick auf die Straße torkelt.

Selbst wenn man davon ausgehen würde, dass der B ein pflichtgemäßes Alternativverhalten geboten hätte, also nicht auf den Bürgersteig geraten wäre, wäre der Erfolg mit an Sicherheit grenzender Wahrscheinlichkeit trotzdem eingetreten.

In diesem Fall gilt der Grundsatz „in dubio pro reo", so dass der B den Tatbestand der fahrlässigen Tötung nicht erfüllt hat.

b) Risikoerhöhungslehre

Einen anderen Ansatz wählt die Risikoerhöhungslehre. Sie verlangt, dass der Täter auch dann für den Erfolg haften muss, wenn er das Risiko für den Erfolg erhöht hat, ohne dass feststeht, dass der Erfolg bei einem pflichtgemäßen Verhalten des Täters ausgeblieben wäre[30].

---

[28] Lackner / Kühl, § 15, Rn. 46.
[29] Lackner / Kühl, § 15, Rn. 44; Roxin, ZStW, 74 (1962), 411, 419; Ulsenheimer, JZ 1969, 364, 368; Wessels / Beulke, Strafrecht AT, Rn. 679.
[30] Schönke / Schröder - Cramer, § 15, Rn. 179/179a.

Das Fahren auf dem Bürgersteig stellt für den Fußgänger Y eine Gefahr dar, die beim Befahren der Straße geringer gewesen wäre. Das Risiko für den Erfolg hat sich somit erhöht.

Ob der Erfolg auch eingetreten wäre, wenn der B nicht auf den Bürgersteig geraten wäre, ist bei der Risikoerhöhungslehre unbeachtlich. Folglich ist nach dieser Theorie die Tat dem B objektiv zurechenbar.

c) Abwägung

Gegen die Risikoerhöhungslehre wird angeführt, dass sie den Grundsatz „in dubio pro reo" zu sehr einschränke und Verletzungsdelikte contra legem als Gefährdungsdelikte begreife[31].

Aus diesem Grund wird an dieser Stelle der Vermeidbarkeitstheorie gefolgt, so dass die Tat dem B nicht objektiv zurechenbar ist.

II. Ergebnis

Der objektive Tatbestand ist nicht erfüllt.

B hat sich nicht gem. § 222 strafbar gemacht.

C. Strafbarkeit des B gem. §§ 212 I, 13 I

B könnte sich dadurch, dass er Y mit dem PKW erfasst hat und diesem keinerlei Hilfe geleistet hat eines Totschlages durch Unterlassen gem. §§ 212 I, 13 I strafbar gemacht haben.

I. Tatbestandsmäßigkeit

1. Objektiver Tatbestand

a) Erfolgseintritt

Der Erfolg ist eingetreten. Y hat den Tod gefunden.

b) Unterlassen der objektiv erforderlichen und subjektiv möglichen Rettungshandlung

Der B müsste es unterlassen haben, eine objektiv erforderliche und subjektiv mögliche Rettungshandlung auszuführen.

Unterlassen heißt dabei nicht passives „Nichtstun", sondern Nichtvornahme einer bestimmten rechtlich geforderten Tätigkeit. Recht-

---

[31] Tröndle / Fischer, Vor § 13, Rn. 26.

lich gefordert wird aber nur das, was dem Normadressaten in der Gefahrensituation physisch-real möglich ist[32].

B hat es unterlassen, die Handlung vorzunehmen, die zur Erfolgsabwendung, mithin zur Rettung des Y objektiv erforderlich gewesen war; B hat keine Rettungsmaßnahmen eingeleitet.

Bei B lag des Weiteren keinerlei Handlungsunfähigkeit, mangelnde räumliche Nähe zum Unfallort oder ein Nichtvorhandensein von Hilfsmitteln vor, die B die Einleitung von Rettungsmaßnahmen unmöglich gemacht hätten.

Somit lag für B die physisch-reale Möglichkeit vor, die erforderlichen Rettungsmaßnahmen einzuleiten. Damit liegt bei B ein Unterlassen der objektiv erforderlichen und subjektiv möglichen Rettungshandlung vor.

c) Kausalität

Das Unterlassen müsste auch kausal sein. Kausal ist ein Unterlassen dann, wenn die unterlassene Handlung mit an Sicherheit grenzender Wahrscheinlichkeit den Erfolg verhindert hätte[33].

Selbst bei einer sofortigen Einleitung aller möglichen Rettungsmaßnahmen durch den B wäre es in diesem Fall nicht möglich gewesen, den Y zu retten. Deshalb hat die unterlassene Handlung des B den Erfolgseintritt nicht verhindern können.

Somit war die Untätigkeit des B nicht kausal für den Tod des Y.

Der objektive Tatbestand ist daher nicht erfüllt.

II. Ergebnis

B hat sich nicht des Totschlags durch Unterlassen gem. §§ 212 I, 13 I strafbar gemacht.

D. Strafbarkeit des B gem. §§ 212 I, 22, 23 I, 13 I

B könnte sich dadurch, dass er den Y trotz seiner Kenntnis von dem Unfall, aber in dem Glauben, dass der Y noch leben würde, eines versuchten Totschlages durch Unterlassen gem. §§ 212 I, 22, 23 I, 12 I, 13 I strafbar gemacht haben.

I. Vorprüfung

Der Y ist tot. Ein Totschlag durch Unterlassen kommt wegen der fehlenden Kausalität nicht in Betracht.

---

[32] Wessels / Beulke, Strafrecht AT, Rn. 708.
[33] BGHSt 43, 381, 387; BGH NStZ 1999, 91, 91; Lackner / Kühl, Vor § 13, Rn. 12.

II. Tatbestandsmäßigkeit

B müsste tatbestandsmäßig gehandelt haben.

1. Tatentschluss

Da es beim Versuch durch Unterlassen an einem vom Verwirklichungswillen getragenen Handeln fehlt, passt die für die Begehungsdelikte geltende Vorsatzdefinition für Unterlassungsdelikte nur sinngemäß[34].

Zum Tatbestandsvorsatz bei Unterlassungsdelikten gehört der Wille zum Untätigbleiben in Kenntnis aller Tatbestandsmerkmale und in dem Bewusstsein, dass die Abwendung des drohenden Erfolges möglich ist[35].

B wusste, dass durch das Davonfahren der lebensgefährlich verletzte Y möglicherweise sterben konnte. B entfernt sich vom Unfallort, um mögliche Scherereien zu vermeiden, geht aber davon aus, dass der Y noch gerettet werden kann. Daneben war sich der B, wie sein späteres Verhalten zeigt, durchaus darüber bewusst, dass ein anderes Verhalten geboten war, nämlich den Erfolg abzuwenden. Des Weiteren kann aus dem späteren Verhalten, der Benachrichtigung der Polizei, entnommen werden, dass der B glaubte, dass zwischen der nicht erbrachten Hilfeleistung und dem eventuellen Eintritt des Erfolges ein kausaler Zusammenhang bestehen würde.

B hatte somit insgesamt den erforderlichen Tatentschluss.

2. Unmittelbares Ansetzen

Der Zeitpunkt für das unmittelbare Ansetzen beim versuchten Unterlassungsdelikt ist umstritten. So wird teilweise ein Versuchsbeginn beim Verstreichenlassen der ersten Rettungsmöglichkeit[36] und teilweise ein Beginn beim Verstreichenlassen des letzten Hilfszeitpunktes[37] vertreten.

Zusammenfassung des Streits in BGHSt 38, S. 356 ff.

(lesenswert!)

Der B unterlässt es direkt Hilfe herbeizuholen. Damit hat B nach der Theorie der ersten Rettungsmöglichkeit unmittelbar zur Tat angesetzt.

---

[34] Wessels / Beulke, Strafrecht AT, Rn. 732.
[35] BGHSt 19, 295, 299; Wessels / Beulke, Strafrecht AT, Rn. 732.
[36] Herzberg, MDR 1973, 89, 96; Lönnies, NJW 1962, 1950, 1951; Schröder, JuS 1962, 81, 86.
[37] Kaufmann, Die Dogmatik der Unterlassungsdelikte, S. 221; Welzel, Das deutsche Strafrecht AT, § 28 IV, S. 221

Durch den Todeseintritt bei Y wird dem B die Möglichkeit genommen, das Leben des Y zu retten, so dass mit dem Tod des Y der letzte mögliche Hilfszeitpunkt verstrichen ist, wodurch der B auch nach dieser Theorie unmittelbar zur Tat angesetzt hat.

Weiterhin wird die Theorie vertreten, dass für den Versuchsbeginn der Zeitpunkt maßgebend sei, von dem ab die Erfolgsabwendung aus der Sicht des Täters geboten ist[38]. Dies ist immer erst dann der Fall, wenn das geschützte Rechtsgut durch das Nichthandeln gefährdet oder eine bestehende Gefahr erhöht wurde[39]. B musste nach dem Unfall davon ausgehen, dass er den Y verletzt hat. Durch seine nicht erbrachte Hilfeleistung gefährdete B das Rechtsgut „Leben" des Y. Durch die Weiterfahrt wurde die Gefahr für dieses Rechtsgut ebenfalls erhöht, so dass auch nach dieser Theorie ein unmittelbarer Ansatz vorliegt.

Da alle Ansichten zum gleichen Ergebnis gelangen, entfällt ein Streitentscheid; B hat unmittelbar zur Tat angesetzt.

III. Rechtswidrigkeit und Schuld

Rechtfertigungs- und Schuldausschließungsgründe kommen nicht in Betracht.

B handelte damit rechtswidrig und schuldhaft.

IV. Rücktritt

Merke:

Die Rspr. (BGH in NStZ 97, S. 485) hält die Unterscheidung zw. beendetem und unbeendetem Versuch bei Unterlassungsdelikten für überflüssig, da der Rücktritt bei der Unterlassung immer ein positives Tun erfordere.

Fraglich ist allerdings, ob der B durch den späteren Anruf bei der Polizei von seiner Tat gem. § 24 I S. 1 1. Alt. zurückgetreten ist.

Welche Anforderungen an die Rücktrittshandlungen des B zu stellen sind, richtet sich danach, ob es sich um einen unbeendeten oder beendeten Versuch handelt.

Ein unbeendeter Versuch liegt vor, solange der Eintritt des tatbestandlichen Erfolges nach der Vorstellung des Täters noch durch Nachholen der zuerst gebotenen Handlung abzuwenden ist[40].

Ein beendeter Versuch liegt hingegen vor, sobald nach der Vorstellung des Täters das Nachholen der ursprünglich gebotenen Handlung nicht mehr ausreicht, um den tatbestandlichen Erfolg abzuwenden, vielmehr andere Maßnahmen erforderlich sind[41].

---

[38] Lackner / Kühl, § 22, Rn. 17.
[39] Schönke / Schröder - Eser, § 22, Rn. 50; Wessels / Beulke, Strafrecht AT, Rn. 742.
[40] Wessels / Beulke, Strafrecht AT, Rn. 631; Schönke / Schröder - Eser, § 24, Rn. 28.
[41] Wessels / Beulke Strafrecht AT, Rn. 631; Schönke / Schröder - Eser, § 24, Rn. 29.

Der B war sich bewusst, dass er in der Verpflichtung stand, Hilfe zu holen. Er entfernt sich vom Unfallort, um die aus seiner Sicht auf ihn zukommenden Scherereien zu vermeiden. Allerdings geht er bei seiner Weiterfahrt davon aus, dass Y noch gerettet werden kann. Durch Nachholen der ursprünglich gebotenen Handlung könnte, aus der Betrachtungsweise des B, Y noch gerettet werden. Folglich liegt in diesem Fall ein unbeendeter Versuch vor.

Im Gegensatz zu den Begehungsdelikten ist in jedem Fall des Rücktritts vom Unterlassungsdelikt ein positives Tun mit dem Ziel der Erfolgsabwendung durch den Täter erforderlich[42].

Ein solches positives Tun ist im vorliegenden Fall durch die telefonische Benachrichtigung der Polizei durch B gegeben, wodurch der Erfolg, der Tod des Y, vermieden werden soll.

Daher ist B gem. § 24 I S. 1 1. Alt. von seiner Tat zurückgetreten.

V. Ergebnis

B hat sich nicht eines versuchten Totschlages gem. §§ 212 I, 22, 23 I, 12 I, 13 I strafbar gemacht.

Auch die andere Ansicht ist hier sehr gut vertretbar. Selbst wenn man aber eine Versuchsstrafbarkeit annimmt und Tatentschluss sowie unmittelbares Ansetzen bejaht, ist B durch seine Mitteilung an die Polizei mit strafbefreiender Wirkung gem. § 24 I zurückgetreten. Am Ergebnis ändert sich damit nichts.

E. Strafbarkeit des B gem. § 221 I Nr.1 i.V.m. III, 22, 23I

B könnte sich dadurch, daß er den Y mit dem Auto anfuhr, der versuchten Aussetzung gem. §§ 221 I Nr. 1 i.V.m. III, 22, 23 I strafbar gemacht haben.

I. Vorprüfung

1. Nichtvollendung der Tat

Für die Vollendung der Tat müßte B den Y verlassen haben.

Ein Verlassen ist jedoch nur tatbestandsmäßig im Sinne des § 221, wenn es zu einer Gefahr für Leib oder Leben des Opfers führt[43]. Der Begriff der Gefahr setzt voraus, dass weiterhin die Möglichkeit einer günstigeren Beeinflussung besteht[44], welche im vorliegenden Fall angesichts der sowieso zum Tode führenden Verletzungen des Y fehlt.

Mithin ist die Tat nicht vollendet worden.

---

[42] Schönke / Schröder - Eser, § 24, Rn. 30.
[43] Lackner / Kühl, § 221, Rn. 5.
[44] Schönke / Schröder - Eser, § 221, Rn. 8.

2. Strafbarkeit des Versuchs

Fraglich ist allerdings, ob der Versuch des § 221 I i.V.m. III überhaupt strafbar ist. Dies könnte daran scheitern, dass es sich bei dem Tatbestand um ein erfolgsqualifiziertes Delikt handelt. Eine Auffassung in der Literatur verneint die Strafbarkeit des versuchten § 221 mit der Begründung, der Versuch eines erfolgsqualifizierten Delikts könne nur strafbar sein, wenn auch der Versuch des Grunddeliktes mit Strafe bedroht sei, was bei § 221 I nicht der Fall sei[45].

Eine andere Auffassung in der Literatur wendet jedoch bei Vorsatz des Täters bezüglich der schweren Folge die allgemeinen Regeln auch dann an, wenn der Versuch des Grundtatbestandes nicht mit Strafe bedroht ist[46]. Danach wäre Strafbarkeit des § 221 I i.V.m. III zu bejahen. Durch die Einordnung des § 221 als Vergehen wird aber schon deutlich, dass der Gesetzgeber eine Bestrafung der versuchten Aussetzung nicht wollte. Es ist daher der ersten Auffassung zu folgen.

Strafbarkeit gem. §§ 221 I i.V.m. III, 22, 23 I scheidet also aus.

II. Ergebnis

B hat sich nicht wegen versuchter Aussetzung gem. §§ 221 I i.V.m. III, 22, 23 I strafbar gemacht.

F. Strafbarkeit des A

A hat sich wegen versuchten Totschlags gem. §§ 212 I, 22, 23 I, 12 I und versuchten Totschlags in Verbindung mit einer gefährlichen Körperverletzung, die zueinander in Idealkonkurrenz stehen, gem. §§ 212 I, 22, 23 I, 12 I, 223, 224 I Nr. 2 und 5 strafbar gemacht.

Tatmehrheit (Realkonkurrenz) liegt vor, wenn jemand durch mehrere selbständige Straftaten mehrere anwendbare Gesetze verletzt[47].

Bei den hier vorliegenden Taten handelt es sich um zwei selbständige Straftaten, so dass sie in Realkonkurrenz zueinander stehen.

G. Strafbarkeit des B

B hat sich der Beihilfe zur versuchten gefährlichen Körperverletzung gem. §§ 223, 224 I Nr. 2, 22, 23 I, 27 strafbar gemacht.

- Ende der Bearbeitung -

---

[45] LK, Jähnke, § 221, Rn. 25.
[46] Reniger, Strafrecht BT I, S. 75
[47] Lackner / Kühl, § 53, Rn. 2.

SACHVERHALT

3. Hausarbeit

A wird von X erpreßt: Er solle EUR 100.000 zahlen, weil X ansonsten einen von A tatsächlich begangenen Diebstahl anzeigen werde. Aus Angst vor der gerichtlichen Verfolgung und Bestrafung geht A zum Schein auf die Forderung des X ein. Es wird verabredet, das Geld am nächsten Samstagabend an einer einsamen Stelle im Park zu übergeben. A denkt freilich in Wahrheit nur daran, den Erpresser loszuwerden, nämlich ihn zu töten, wozu er sich auch berechtigt glaubt, da X ein noch schlimmerer Verbrecher als er selbst sei. Er besorgt sich einen Revolver samt Munition und begibt sich ohne Geld zum ausgemachten Treffpunkt. Als ein Mann auf ihn zutritt, schießt A ihn nieder, da er sich mit dem Erpresser unmittelbar konfrontiert glaubt. Als A sich über seinen „Erfolg" vergewissern will, entdeckt er, daß er den Y - einen Obdachlosen, der von A nur eine milde Gabe erbitten wollte - schwer verletzt hat. Da es ihm auf den Tod dieses Fremden in keiner Weise ankommt, verständigt A anonym einen Krankenwagen. Der Notarzt leitet die ersten vielversprechenden Rettungsmaßnahmen ein: Y wird sicherlich bei schneller Operation überleben. Doch wegen eines unvorhersehbaren Lenkungsbruches kommt der Krankenwagen ins Schleudern und stürzt über eine Böschung. Y findet dabei den Tod.

Strafbarkeit des A?
(Zu prüfen war aus dem Besonderen Teil nur der Tatbestand des Totschlags.)

INHALTSVERZEICNIS

Gutachten

Wäre in der Aufgabenstellung nach der Strafbarkeit des A im allgemeinen gefragt, müsste man wohl mit einer Strafbarkeit wegen Mordes gem. § 211 beginnen. Zur Mordprüfung siehe u.a. hier: 1. Hausarbeit

A. Strafbarkeit des A gemäß § 212 I [1]

A könnte sich gem. § 212wegen Totschlags strafbar gemacht haben, indem er den Y mit einem Revolver niedergeschossen hat und daraufhin der Tod des Y eingetreten ist

I. Tatbestand

A müsste zunächst den objektiven, wie auch den subjektiven Tatbestand des § 212 I erfüllt haben.

1. Objektiver Tatbestand

Fraglich ist, ob der objektive Tatbestand vorliegend erfüllt ist.

a) Erfolg

Voraussetzung für den objektiven Tatbestand ist der Eintritt des Erfolges des § 212 I. Dieser Erfolg ist der Tod eines Menschen. Y ist tot. Somit ist der Erfolg des § 212 I eingetreten.

b) Kausalität

Ferner muss zwischen der Handlung des A, dem Schießen auf Y, und dem Erfolg ein ursächlicher Zusammenhang bestehen. Dem Verursacher muss der konkrete Erfolg als sein Werk zuzurechnen sein[2].

Für die Ermittlung des Kausalzusammenhangs bestehen verschiedene Theorien.

aa) Äquivalenztheorie

Nach dieser Theorie wird die Kausalität bejaht, wenn eine Handlung nicht hinweggedacht werden kann, ohne dass der Erfolg in seiner konkreten Gestalt entfiele[3] (sogenannte „Conditio sine qua non"-Formel[4]).

Wenn A nicht auf den Y geschossen hätte, hätte dieser sich nicht in dem Krankenwagen befunden und wäre folglich nicht gestorben.

Hiernach ist die Handlung des A somit kausal für den Tod des Y.

bb) Adäquanztheorie

Nach dieser Theorie ist die Kausalität im Bereich der Straftat auf solche Bedingungen oder Ursachen beschränkt, die nach allgemeiner Lebenserfahrung geeignet erscheinen, den fraglichen Erfolg

Dabei sind alle Bedingungen gleichwertig (=äquivalent) Es gibt keine Unterscheidung zwischen wesentlichen und unwesentlichen Ursachen!

---

[1] §§ ohne Angabe sind solche des StGB.
[2] Wessels / Beulke, Strafrecht AT, Rn. 154.
[3] BGHSt 1, 332, 333; 2, 20, 24; 7, 112, 114; Welzel, Das Deutsche Strafrecht, S. 43.
[4] Welzel, Das Deutsche Strafrecht, S. 43.

herbeizuführen[5]. Verneint wird der adäquate Kausalzusammenhang, wenn der Erfolgseintritt auf einem regelwidrigen, atypischen Kausalverlauf, d.h. auf einer ganz ungewöhnlichen Verkettung von Umständen beruht, mit denen nach der Erfahrung des täglichen Lebens nicht zu rechnen ist[6].

Nach der allgemeinen Lebenserfahrung ist bei einer Fahrt in einem Krankenwagen nicht mit einem unvorhersehbaren Lenkungsbruch zu rechnen. Somit liegt ein atypischer Kausalverlauf vor und die Handlung des A ist demnach nicht kausal für den Tod des Y.

cc) Relevanztheorie

Die im Ergebnis der Adäquanztheorie nahestehende Relevanztheorie stützt sich bei der Feststellung des ursächlichen Zusammenhangs auf die Äquivalenztheorie. Bezüglich der Erfolgszurechnung stellt sie dagegen auf die strafrechtliche Relevanz des Kausalgeschehens ab, wobei sie nur die tatbestandsadäquaten Bedingungen innerhalb des Kausalverlaufs als haftungsbegründend anerkennt[7]. Hier sind auch lediglich typische Geschehensverläufe juristisch relevant[8].

Der Unfall des Krankenwagens war kein typischer Kausalverlauf, so dass auch hiernach die Kausalität der Handlung des A für den Tod des Y zu verneinen ist.

dd) Entscheidung

Da die Ansichten zu unterschiedlichen Ergebnissen gelangen, ist der Streit zu entscheiden.

Die Adäquanztheorie *ist bedenklich, weil* sie einen außergewöhnlichen Kausalverlauf mit Hilfe eines wertenden Urteils zu einem Nicht-Kausalablauf machen möchte und im Grunde auf Erwägungen vorgreift, die in den Bereich der Rechtswidrigkeit oder der Schuld gehören. So macht sie keine Abgrenzung zwischen Kausalität und objektiver Zurechnung. Die Relevanztheorie trennt diese zwar, jedoch sind in ihrem Sinne nur typische Geschensabläufe relevant. Aus vorausgegangenen Gründen sind beide Theorien abzulehnen. Wegen ihrer Klarheit und der weiten Erfassung aller Handlungen, die zum Eintritt des Erfolges mitgewirkt haben, ist die Äquivalenztheorie vorzuziehen. Sie lässt weder Zweifel noch rechtsleere Räume bestehen[9]. Aus diesen Gründen ist der Äquivalenztheorie zu folgen.

Nach der herrschenden Äquivalenztheorie ist die Handlung des A kausal für den Tod des Y ist.

Zumeist wird nach allen Theorien Kausalität gegeben sein, so dass es einer breiten Darstellung in der Regel nicht bedarf.

Sollte es dennoch einmal der Fall sein, so gibt der vorliegende Fall einige Formulierungshilfen.

Hier ein Beispiel für eine schwache gutachtliche Darstellung: das Ergebnis "ist bedenklich" steht am Anfang, die Begründung folgt – das ist typisch Urteil! Besser: "Da die Adäquanztheorie ..., ist sie bedenklich."

---

[5] Schmidhäuser, Strafrecht AT, Rn. 8 u. 57.

[6] Wessels / Beulke, Strafrecht AT, Rn. 169.

[7] Wessels / Beulke, Strafrecht AT, Rn. 172; Ebert / Kühl, Jura 1979, 561, 566; Blei, AT, S. 104; Jescheck / Weigend, AT, § 28 III, S. 286.

[8] Schlüchter, JuS 1976, 312, 313.

[9] Baumann / Weber / Mitsch, Strafrecht AT, § 14, Rn. 9.

*Zusammen mit der objektiven Zurechnung kommt man mit der Äquivalenztheorie zu sehr gut vertretbaren Ergebnissen. Die **Rspr.** prüft keine objektive Zurechenbarkeit, sondern nimmt auf subjektiver Ebene Einschränkungen beim Abweichen vom vorgestellten Geschehensablauf vor.*

c) Objektive Zurechnung

Fraglich ist, ob der Tod des Y dem A objektiv zurechenbar ist. Objektiv zurechenbar ist ein durch menschliches Verhalten herbeigeführter Erfolg nur dann, wenn dieses Verhalten eine rechtlich missbilligte Gefahr geschaffen und gerade diese Gefahr sich im tatbestandlichen Erfolg verwirklicht hat[10]. Zu verneinen ist die objektive Zurechenbarkeit insbesondere in Fällen mangelnder Risikoverwirklichung, bei ganz ungewöhnlichen, atypischen Schadensfolgen, sowie bei Geschehensabläufen, die so sehr außerhalb der Lebenserfahrung liegen, dass mit ihnen vernünftigerweise nicht gerechnet zu werden braucht[11].

Hier hat A durch den Schuss auf Y eine rechtlich missbilligte Gefahr des Todes des Y geschaffen. Y stirbt jedoch nicht an dem Schuss. Damit hat sich nicht die konkrete Gefahr verwirklicht. Realisiert hat sich vielmehr ein anderes Risiko, nämlich das eines tödlichen Autounfalls. Der Lenkungsbruch des Krankenwagens, der zum Tode des Y führt, liegt ferner so sehr außerhalb aller Lebenswahrscheinlichkeit, dass mit ihm vernünftigerweise nicht gerechnet werden muss Somit kann der Taterfolg, der Tod des Y, dem A nicht objektiv zugerechnet werden.

2. Zwischenergebnis

Folglich ist der Tatbestand nicht erfüllt.

II. Ergebnis

A hat sich nicht gem. § 212 I strafbar gemacht.

B. Strafbarkeit des A gem. §§ 212 I, 22, 23.

A könnte sich gem. §§ 212 I, 22, 23 wegen versuchten Totschlags strafbar gemacht haben, indem er auf Y schoss.

I. Vorprüfung

Hier ist nunmehr die Versuchsstrafbarkeit des A zu prüfen.

1. Nichtvorliegen eines vollendeten Delikts

Es dürfte sich bei der Tat des A nicht um ein vollendetes Delikt handeln. Wie bereits erörtert, wird der Tod des Y dem A nicht objektiv zugerechnet, so dass es sich vorliegend nicht um einen vollendeten Totschlag handelt.

2. Strafbarkeit des Versuchs

Ferner müsste der Versuch des Totschlags strafbar sein. Nach § 23 ist der Versuch eines Verbrechens stets strafbar. Verbrechen sind

---

[10] Maurach, Strafrecht Bd.1, § 18 III B, Rn. 49; SK-Rudolphi, vor § 1, Rn. 57.
[11] Tröndle / Fischer, Vor § 13, Rn. 27.

gem. § 12 rechtswidrige Taten, die im Mindestmaß mit einer Freiheitsstrafe von einem Jahr bedroht sind. Totschlag wird gem. § 212 I mit Freiheitsstrafe nicht unter 5 Jahren bestraft. Damit handelt es sich bei Totschlag um ein Verbrechen in diesem Sinne, dessen Versuch nach § 23 strafbar ist.

II. Tatbestand

Fraglich ist, ob A den Tatbestand des versuchten Totschlags erfüllt hat.

1. Tatentschluss

Ein Versuch liegt nur dann vor, wenn der Täter mit dem Vorsatz handelt, das ins Auge gefasste Verbrechen zu verwirklichen (Tatentschluß)[12]. Vorsatz ist der Wille zur Verwirklichung eines Straftatbestandes in Kenntnis aller seiner Tatumstände[13], das Wissen und Wollen der Tatbestandsverwirklichung[14]. A müsste folglich mit Tatentschluß gehandelt haben.

Vorliegend hat A sich absichtlich in einen Hinterhalt gelegt, um einen anderen Menschen zu töten. Er hatte genaue Vorstellungen von Zeitpunkt, Ort und Ablauf der Tat und handelte somit in der Vorsatzform der Absicht (dolus directus). A handelte mit Tatentschluß, so dass der subjektive Tatbestand erfüllt ist.

2. Unmittelbares Ansetzen

A müsste ferner nach § 22 unmittelbar zur Tatbestandsverwirklichung angesetzt haben. Die hier notwendige Abgrenzung zwischen Versuchs- und Vorbereitungshandlung ist unproblematisch in solchen Fällen, wenn der Täter mit der Ausführungshandlung selbst begonnen hat; in einem solchen Fall ist der Versuch unzweifelhaft gegeben[15].

Hier hat A den Y bereits niedergeschossen, damit hat A einen Teil des Tatbestandes verwirklicht. Somit hat A unmittelbar zur Verwirklichung des Tatbestandes angesetzt.

3. Zwischenergebnis

A hat demnach den Tatbestand des versuchten Totschlags erfüllt.

III. Rechtswidrigkeit

Fraglich ist, ob A rechtswidrig gehandelt hat.

Bei Problemen zum unmittelbaren Ansetzen muss auch auf die verschiedenen Theorien eingegangen werden.
1. h.M. – gemischt subj-obj. Theorie;
2. Subj. Theorie;
3. Zwischenaktstheorie;
4. Gefährdungstheorie (Otto, GK, AT, § 18 II 3 b).

---

[12] Maurach, Strafrecht Bd.2, § 40 I E, Rn. 68.
[13] BGHSt 19, 295, 298; Jescheck / Weigend, AT, § 29 II, S. 293.
[14] Welzel, Das Deutsche Strafrecht, § 13 I 1.
[15] Baumann / Weber / Mitsch, Strafrecht AT, § 26, Rn. 50; Maurach / Gössel / Zipf, Strafrecht AT Bd. 2, § 40 I B 1, Rn. 17.

1. Notwehr

Die Tat des A könnte durch Notwehr gerechtfertigt ist. Wer eine Tat begeht, die durch Notwehr geboten ist, handelt nach § 32 I nicht rechtswidrig. Nach § 32 II ist Notwehr die Verteidigung, die erforderlich ist, um einen gegenwärtigen rechtswidrigen Angriff von sich oder einem anderen abzuwenden. Die Frage, ob in einem gegebenen Fall die gewählte Art der Verteidigung erforderlich war, um einen gegenwärtigen Angriff abzuwehren, ist nicht nach der subjektiven Auffassung des Handelnden, sondern nach der objektiven Sachlage zu beurteilen[16]. Ein Angriff ist die unmittelbare Bedrohung rechtlich geschützter Güter durch menschliches Verhalten[17].

Hier wird A von X erpresst, was objektiv einen Angriff des A darstellt, jedoch ist das Schießen auf den Y schon nicht geeignet diesen Angriff abzuwenden. Y selbst hat den A in keiner Weise bedroht, so dass von ihm kein Angriff ausging. Somit ist die Tat nicht durch Notwehr gem. § 32 gerechtfertigt.

2. Rechtfertigender Notstand

Fraglich ist, ob die Tat des A durch einen Notstand gem. § 34 gerechtfertigt ist. Wer in einer gegenwärtigen, nicht anders abwendbaren Gefahr für die in § 34 geschützten Rechtsgüter eine Tat begeht, um die Gefahr von sich oder einem Dritten abzuwenden, handelt nach § 34 nicht rechtswidrig, wenn bei Abwägung der widerstreitenden Interessen, namentlich der betroffenen Rechtsgüter und des Grades der ihnen drohenden Gefahren, das geschützte Interesse das beeinträchtigte wesentlich überwiegt. A müsste sich also in einer nicht anders abwendbaren Gefahr befunden haben.

a) Notstandsfähiges Rechtsgut

Es müsste ein notstandsfähiges Rechtsgut bedroht sein. Notstandsfähig ist jedes Rechtsgut[18]. A wird hier von X erpresst. Bei einer erpresserischen Drohung ist regelmäßig die Freiheit der Willensentschließung und Willensbetätigung[19] und das Vermögen[20] angegriffen. Hierbei handelt es sich um notstandsfähige Rechtsgüter. Somit ist ein notstandsfähiges Rechtsgut bedroht.

b) Gefahr

Es müsste eine Gefahr für die Rechtsgüter vorliegen. Eine Gefahr liegt vor, wenn nicht nur die gedankliche Möglichkeit, sondern eine

---

[16] RGSt 21, 189, 190.
[17] Schönke / Schröder – Lenckner/Perron, § 32, Rn. 3.
[18] Schönke / Schröder – Lenckner/Perron, § 34, Rn. 9.
[19] Wessels / Beulke, Strafrecht AT, Rn. 328.
[20] Schönke / Schröder - Eser, § 253, Rn. 1.

auf festgestellte tatsächliche Umstände gegründete Wahrscheinlichkeit eines schädigenden Ereignisses besteht[21]. Ob die Wahrscheinlichkeit besteht, ist vom Standpunkt eines nachträgliche Beobachters, dem die im kritischen Zeitpunkt wesentlichen Umstände bekannt sind, objektiv zu beurteilen[22].

Hier wird A von X bedroht, so dass von X eine Gefahr für A ausgeht, jedoch ist das Schießen auf den Y schon nicht geeignet diese Gefahr abzuwenden. Von Y geht objektiv keine Gefahr für A aus. Somit liegt keine die Tat nach § 34 rechtfertigende Gefahr vor.

c) Zwischenergebnis

Somit ist die Tat des A nicht durch Notstand gem. § 34 gerechtfertigt. Folglich handelte A rechtswidrig.

IV. Schuld

Fraglich ist ferner, ob A schuldhaft gehandelt hat.

1. Schuldunfähigkeit

Es finden sich keine Anhaltspunkte für das Vorliegen von Tatsachen, welche die Schuld des A nach §§ 19, 20, 21 ausschließen oder mindern würden.

2. Erlaubnistatbestandsirrtum

Die Tat müsste A vorwerfbar sein. Vorwerfbarkeit bedeutet, dass der Täter mit Vorsatzschuld und Unrechtsbewusstsein gehandelt hat. Hier könnte A einem Erlaubnistatbestandsirrtum erlegen sein.

a) Irrtümliche Annahme einer Notwehrsituation

Voraussetzung für einen Erlaubnistatbestandsirrtum ist, dass A irrig eine Notwehrlage angenommen hat. A nahm fälschlich an, er würde X niederschießen, gegen den er glaubte, sich verteidigen zu dürfen.

aa) Angriff

Es müsste zunächst ein Angriff vorliegen. Ein Angriff ist die unmittelbare Bedrohung rechtlich geschützter Güter durch menschliches Verhalten[23]. X hat den A hier erpresst. Bei einer erpresserischen Drohung sind die Freiheit der Willenserklärung und Willensbetätigung[24] und das Vermögen angegriffen. Demnach liegt hier ein Angriff vor.

Wenn etwas offensichtlich nicht vorliegt – wie die Schuldunfähigkeit – sollte man es gleich weglassen! (Alles was überflüssig ist, ist falsch!)

Der Erlaubnistatbestandsirrtum ist eines der häufigsten Probleme, die in einer Hausarbeit vorkommen und regelmäßig dem Bearbeiter Schwierigkeiten bereiten!

---

[21] BGHSt 18, 271, 272.
[22] Hirsch, FS Kaufmann, S. 546.
[23] Schönke / Schröder – Lenckner/Perron, § 32, Rn. 3.
[24] Wessels / Beulke, Strafrecht AT, Rn. 328.

bb) Gegenwärtigkeit

Gegenwärtigkeit
bedeutet mit
anderen Wor-
ten, dass der
Angriff kurz be-
vor steht, gera-
de begonnen
hat oder noch
fortdauert.

Ferner müsste diese Gefahr gegenwärtig gewesen sein. Gegenwärtig ist eine Gefahr, wenn sie nach sachverständigem ex-ante-Urteil in einem bestimmten Augenblick alsbald (Augenblicksgefahr) oder über einen längeren Zeitraum hinweg - auch wiederholt - jederzeit (Dauergefahr[25]) in einen Schaden umschlagen kann[26]. Die Drohung des Erpressers wird von ihrem Aussprechen bis zur Zahlung vom Willen des Täters aufrechterhalten.

Somit ist die Gegenwärtigkeit des Angriffs im vorliegenden Fall gegeben.

cc) Rechtswidrigkeit

Der Angriff müsste ferner rechtswidrig sein.
Die Erpressung ist verboten (§ 253), so dass der Angriff rechtswidrig war.

dd) Notwehrfähiges Rechtsgut

Es müsste ein notwehrfähiges Rechtsgut des A betroffen sein. Wie bereits oben dargelegt, handelt es sich vorliegend um notwehrfähige Rechtsgüter.

ee) Zwischenergebnis

Also hat A sich, seiner Vorstellung nach, in einer Notwehrlage gegenüber seinem vorgestellten Opfer (X) befunden.

b) Erforderlichkeit

Fraglich ist, ob A im Falle seiner angenommenen Notwehrhandlung gegen X nach § 32 gerechtfertigt sein würde. Dazu müsste die Notwehrhandlung in den Grenzen der Verhältnismäßigkeit bleiben. Als Verteidigung ist nur derjenige Angriff in die Güter des Angreifers rechtmäßig, der zur Abwehr des Angriffs erforderlich ist[27]. Die Verteidigung darf nicht weiter gehen, als hierzu unbedingt notwendig ist[28]. Dabei muss die Erforderlichkeit nach einem objektiven ex-ante-Urteil gegeben sein[29]. Wer durch die Androhung kompromittierender Enthüllungen erpresst wird und die Einschaltung der Polizei zu vermeiden sucht, hat nur ein eingeschränktes Recht zur Verteidigung; hiermit lässt sich nicht die Tötung des Erpressers in Einklang bringen[30]. A hätte vielmehr Maßnahmen ergreifen können, die nicht den Tod des Erpressers zur Folge gehabt hätten (z.B. Tonbandauf-

---

[25] BGHSt 5, 371, 373; RGSt 66, 98, 100.
[26] Schönke / Schröder – Lenckner/Perron, § 34, Rn. 17.
[27] Schmidhäuser, Strafrecht AT, Rn. 9 u. 103.
[28] Welzel, Das Deutsche Strafrecht, § 14 II2, S. 86.
[29] Schönke / Schröder – Lenckner/Perron, § 32, Rn. 34.
[30] Amelung, GA 1982, 381, 392 ff.

nahmen, Fotografien, Gegendrohungen oder Einschaltung der Polizei mit möglicher eigener Straffreiheit nach § 154 c StPO).

A hätte also auch im Falle der von ihm irrig angenommenen Notwehrlage die Grenzen der Notwehrhandlung überschritten. Dabei könnte er sich jedoch in einem Erlaubnisirrtum befunden haben. Dieser liegt vor, wenn der Täter die rechtlichen Grenzen eines anerkannten Rechtfertigungsgrundes verkennt[31], so z.b. wenn der Angegriffenen im Falle der Notwehr meint, er dürfe jedes beliebige Verteidigungsmittel benutzen[32]. Hier hat A die Grenzen der Notwehr verkannt und sich damit in einem Erlaubnisirrtum befunden.

c) Doppelirrtum

Demnach treffen hier Erlaubnistatbestandsirrtum und Erlaubnisirrtum aufeinander. Dieses wird als Doppelirrtum bezeichnet.

Wer bei wirklicher oder vermeintlicher Notwehrlage die rechtlichen Grenzen der Notwehr anders beurteilt als die Rechtsordnung, handelt im bloßen Erlaubnisirrtum. Der Erlaubnistatbestandsirrtum ist insofern unbeachtlich, da der Täter selbst bei Vorliegen der von ihm vorgestellten Sachlage wegen Überschreiten der Grenzen der Notwehrhandlung nicht gerechtfertigt wäre.

Nach § 17 stellt sich nun die Frage, ob der Irrtum des A vermeidbar war. Vermeidbarkeit liegt vor, wenn der Täter die reale Möglichkeit hatte, sich durch Nachdenken oder durch zumutbare Erkundigungen bei Dritten die nötige Klarheit über rechtliche Qualität zu beschaffen[33]. A hätte hier wissen können, dass die Tötung eines Menschen nur das äußerste Mittel der Gefahrenabwendung ist und bei einer Erpressung die Tat nicht rechtfertigen würde. Er hat es auch unterlassen, das Urteil eines Dritten einzuholen. Somit war der Irrtum vermeidbar. A handelte demnach schuldhaft, seine Strafe kann jedoch gem. § 17 S.2 nach § 49 I gemildert werden.

3. Sonstige Entschuldigungsgründe

Fraglich ist, ob ein anderer Entschuldigungsgrund greift.

a) Entschuldigender Notstand

Die Tat des A könnte durch einen entschuldigenden Notstand gem. § 35 entschuldigt sein. Nach § 35 handelt ohne Schuld, wer in einer gegenwärtigen, nicht anders abwendbaren Gefahr für Leben, Leib oder Freiheit eine rechtswidrige Tat begeht, um die Gefahr von sich abzuwenden. Zu klären ist, ob eines der geschützten Rechtsgüter

---

[31] Joecks, Studienkommentar StGB, § 16, Rn. 30.
[32] BGHSt GA 1969, 23, 24; BGHSt NStZ 88, 269, 270.
[33] OLG Celle, NJW 1977, 1644, 1644.

des A durch die Erpressung gefährdet ist. Bei einer Erpressung ist die Freiheit der Willensentschließung und -betätigung[34] sowie das Vermögen[35] angegriffen. Das in § 35 aufgezählte Rechtsgut der Freiheit betrifft nur die Fortbewegungsfreiheit im Sinne des § 239, nicht die allgemeine Handlungsfreiheit im Sinne des § 240. Folglich ist keines der nach § 35 notstandsfähigen Rechtsgüter des A durch die Erpressung bedroht, so dass die Tat des A nicht durch einen Notstand gem. § 35 entschuldigt wird.

b) Notwehrüberschreitung

Die Tat des A könnte gem. § 33 entschuldigt sein. Nach § 33 wird der Täter nicht bestraft, wenn er die Grenzen der Notwehr aus Verwirrung, Furcht oder Schrecken überschreitet. A handelt hier nicht aus Verwirrung, Furcht oder Schrecken, sondern bei klarem Verstand. Somit ist die Tat des A nicht nach § 33 entschuldigt.

V. Strafaufhebung durch Rücktritt

Fraglich ist, ob A strafbefreiend von dem versuchten Totschlag zurückgetreten ist. Nach § 24 wird wegen Versuchs nicht bestraft, wer freiwillig die weitere Ausführung der Tat aufgibt oder deren Vollendung verhindert.

Prüfung eines Rücktritts:
1. kein fehlge-schlagener Versuch
2. beendeter / unbeendeter Versuch?
3. Freiwilligkeit des Rücktritts

1. Kein fehlgeschlagener Versuch

Der Versuch dürfte nicht fehlgeschlagen sein, damit ein Rücktritt möglich wäre[36]. Fehlgeschlagen ist ein Versuch, wenn die zur Ausführung vorgenommenen Handlungen ihr Ziel nicht erreicht haben und der Täter erkannt hat, dass er mit den ihm zur Verfügung stehenden Mitteln den tatbestandlichen Erfolg entweder gar nicht mehr oder zumindest nicht ohne zeitliche Zäsur herbeiführen kann[37].

Y hat den Schuss des A zunächst überlebt. Es ist jedoch ersichtlich, dass Y ohne die Rettungsmaßnahmen des Notarztes an seinen Verletzungen gestorben wäre. Auch hätte A durch einen weiteren Schuss den Y sofort töten können. Damit wäre der Versuch nicht fehlgeschlagen. Fraglich ist jedoch, ob der Versuch als fehlgeschlagen anzusehen ist, weil A erkannt hat, dass es sich bei seinem Opfer nicht wie angenommen um X gehandelt hat. Dieser error in persona ist ein unbeachtlicher Motivirrtum[38]; A hatte den Vorsatz, den auf ihn zukommenden Menschen zu erschießen. Diese Tat hätte er noch

---

[34] Wessels / Beulke, Strafrecht AT, Rn. 328.
[35] Schönke / Schröder - Eser, § 253, Rn. 1.
[36] Schmidhäuser, Strafrecht AT, Rn. 15 / 81.
[37] Wessels / Beulke, Strafrecht AT, Rn. 628.
[38] BGHSt 11, 268, 270.

zu einem erfolgreichen Abschluss bringen können. Somit liegt kein fehlgeschlagener Versuch vor, so dass ein Rücktritt möglich ist.

2. Unbeendeter Versuch

A könnte gem. § 24 I 1 1.Fall vom unbeendeten Versuch zurückgetreten sein, in dem er die weitere Ausführung der Tat aufgegeben hätte. Voraussetzung hierfür ist, dass der Versuch unbeendet ist. Hierzu gibt es zwei Theorien.

a) Tatplantheorie

Bei der Tatplantheorie, welcher der BGH zunächst gefolgt ist[39], wird auf die Vorstellung des Täters bei Tatbeginn zurückgegriffen, wenn dieser einen fest umrissenen Tatplan hatte. Hatte er keinen konkreten Plan, sollte die Vorstellung des Täters nach Abschluss der letzten Ausführungshandlung maßgebend sein (Rücktrittshorizont).

A wollte die Person vor ihm erschießen. Nach dem Grundsatz in dubio pro reo kann nun angenommen werden, dass A jedoch keine genaue Vorstellung davon hatte, was er im Falle eines nicht tödlich endenden ersten Schusses machen wollte. Damit war sein Plan nicht ausreichend konkret. In diesem Falle wird auf den Rücktrittshorizont zurückgegriffen.

b) Rücktrittshorizont

Inzwischen ist der BGH[40] mit überwiegender Zustimmung der Rechtslehre[41] zum Rücktrittshorizont nach Abschluss der letzten Tathandlung übergegangen. Die Beendigung des Versuches kann sich danach ohne Rücksicht auf das Vorhandensein eines Tatplanes schon aus der nahegerückten Möglichkeit des Erfolgseintritts und einem entsprechenden Gefahrbewusstsein nach Abschluss der letzten Handlung ergeben[42]. Unbeendet ist ein Versuch, wenn der Täter noch nicht alles getan zu haben glaubt, was nach seiner Vorstellung von der Tat zu ihrer Vollendung notwendig ist[43]. Beendet ist ein Versuch hingegen, wenn der Täter weitere mögliche Tathandlungen unterläßt, weil er glaubt, dass schon seine bisherigen Handlungen den tatbestandlichen Erfolg herbeiführen können[44]. A glaubt hier, dass Y sterben würde, wenn er nicht einen Krankenwagen rufen würde. Somit hält er den Erfolg für möglich. Demnach handelt es

---

[39] BGHSt 22, 330, 331.
[40] BGHSt 31, 170, 175; 33, 295, 299; BGH JR 1986, 423, 423.
[41] Wessels / Beulke, Strafrecht AT, Rn. 633; Küper, JZ 1983, 264, 265; Kienapfel, JR 1984, 72, 72 f.
[42] Wessels / Beulke, Strafrecht AT, Rn. 633.
[43] BGHSt 4, 180, 181.
[44] BGHSt 22, 330, 332; 33, 295, 299; Geilen, JZ 1972, 335, 342.

sich um einen beendeten Versuch. Da beide Theorien zu dem gleichen Ergebnis kommen, kann eine Entscheidung hier dahinstehen. A kann also nicht nach § 24 I 1 1.Fall zurückgetreten sein.

Rücktritt bei beendetem Versuch nur durch Verhinderung der Vollendung!

3. Beendeter Versuch

A könnte jedoch vom beendeten Versuch gem. § 24 I 1 2.Fall zurückgetreten sein, wenn er die Vollendung der Tat verhindert hätte.

a) Verhinderung der Vollendung

Voraussetzung ist, dass der Täter den Eintritt des Erfolges abwendet[45].

Dabei reichen objektiv genügende Gründe aus.

A hat hier einen Krankenwagen gerufen, und der Notarzt hat die ersten vielversprechenden Maßnahmen eingeleitet, so dass Y sicherlich überlebt hätte.

Der Tod des Y auf der Fahrt zum Krankenhaus ist dem A aufgrund des Lenkungsbruchs nicht zuzurechnen[46]. Damit reicht die Handlung des A objektiv zur Vereitelung der Tat aus, so dass A die Vollendung der Tat verhindert hat.

b) Freiwilligkeit

A müsste freiwillig zurückgetreten sein. Die Bestimmung der Freiwilligkeit ist strittig.

aa) Psychologische Theorie

Man unterscheidet autonome von heteronomen Gründen.

Nach der herrschenden Lehre[47] und der Rechtsprechung[48] ist für die Freiwilligkeit maßgebend, dass der Rücktritt auf einem autonomen Motiv beruht, ohne dass das Motiv ethisch anerkennenswert sein müsste[49]. Diese Autonomie wird bejaht, wenn sich der Täter nur aufgrund innerer Überlegungen, die nicht durch eine Veränderung der Sachlage bedingt sind, zum Rücktritt entschließt[50].

Hier hat A erkannt, dass er auf einen anderen Menschen geschossen hat, als er zunächst gedacht hat. Aus diesem Grund ließ er von weiteren Handlungen ab. Das Motiv des A beruht demnach auf einer konkreten Veränderung der Sachlage, so dass der Rücktritt hiernach nicht freiwillig ist.

---

[45] Baumann / Weber, Strafrecht AT, § 34 II 2 a.
[46] s. A I 3.
[47] Tröndle / Fischer, § 24, Rn. 19; Schönke / Schröder - Eser, § 24, Rn. 43 ff.
[48] BGHSt 7, 296ff.; 9, 48, 50ff.
[49] BGHSt 7, 296, 299.
[50] Schönke / Schröder, Eser, § 24, Rn. 44.

bb) Normative Theorie

Demgegenüber zieht die Gegenmeinung[51] anstelle der psychologischen Maßstäbe wertende Kriterien wie die „Verdienstlichkeit des Rücktrittsmotiv" heran. Das entscheidende Kriterium liegt darin, ob der Rücktritt Ausdruck eines Willens zur Rückkehr in die Legalität oder eines nach den Normen des Verbrecherhandwerks lediglich zweckdienlichen Verhaltens ist[52]. Freiwilligkeit ist zu bejahen, wenn der Täter aus ethisch anerkannten Motiven auf den Weg der Legalität zurückgefunden hat[53]. A hat hier den Y niedergeschossen und nicht, wie gewollt, den X, so dass das Ablassen von der Tatbestandsverwirklichung lediglich dazu diente, seine Strafe zu mildern. Hätte er X angeschossen, hätte er die Tat vollendet. Damit bringt A keine Rückkehr zur Legalität zum Ausdruck. Somit ist der Rücktritt auch hiernach nicht freiwillig.

cc) Zwischenergebnis

Beide Theorien führen zum selben Ergebnis, so dass eine Entscheidung dahinstehen kann. Die Rücktrittshandlung des A war demnach nicht freiwillig.

4. Zwischenergebnis

Somit ist A nicht strafbefreiend vom versuchten Totschlag zurückgetreten.

VI. Ergebnis

A hat sich gem. §§ 212, 22, 23 wegen versuchten Totschlags strafbar gemacht. Seine Strafe kann jedoch nach § 49 I gemildert werden.

- Ende der Bearbeitung -

---

[51] Roxin, FS Heinitz, 251 ff.; SK - Rudolphi, § 24, Rn. 25.
[52] Roxin, FS Heinitz, 252.
[53] SK - Rudolphi, § 24, Rn. 25.

4. Hausarbeit

Frau und Herr A, die seit etwa 10 Jahren miteinander verheiratet sind, haben sich auseinandergelebt. Herr A hat ein Verhältnis mit der Frau F begonnen, wovon auch Frau A irgendwann erfahren hat. Frau A, die um des gemeinsamen Kindes willen den Bestand der Ehe mit allen Mitteln unbedingt retten will, beschließt nunmehr, die Freundin F aus dem Wege zu räumen. Zu diesem Zweck entwendet sie ihrem zeitweise aus der ehelichen Wohnung abwesenden Mann den Schlüssel zur Wohnung der F, steckt ein langes, scharfes Küchenmesser ein und begibt sich zur Wohnung der F. Da F nicht anwesend ist, verbirgt sich Frau A in der Nähe der Wohnungstür. Sie beabsichtigt, die eintretende F mit einem Stich in die Herzgegend zu töten.

Als F ahnungslos die Wohnung betritt, fällt Frau A sie von hinten an. F, die im letzten Moment die Bewegung hinter sich merkt, macht eine leichte Drehung nach links und eine abwehrende Bewegung mit dem linken Arm, so dass der Stoß vom Arm und ihren Rippen abgelenkt wird und das Messer unterhalb der Bauchhöhle eindringt. F fällt verletzt zu Boden; sie ist bei Bewusstsein und bemüht sich, die blutende Wunde durch Kleidungsstücke abzudrücken. Frau A erfasst großes Entsetzen über ihre Tat; ihr wird bewusst, dass F möglicherweise lebensbedrohliche innere Verletzungen erlitten hat; doch den Tod der F will sie nicht mehr. Sie sieht deshalb von weiteren Stichen mit dem Messer ab und verlässt eilend die Wohnung.

Zu Hause angekommen bittet Frau A, zitternd und völlig aufgelöst, ihren Mann, nach der F zu sehen, da ihr etwas passiert sei. Herr A, der seiner Frau keine weitere Erklärung entlocken kann, macht sich besorgt auf den Weg. Er findet F schwerverletzt, aber lebend vor und verständigt einen Notarzt. F wird durch den eintreffenden Arzt gerettet und überlebt ohne bleibende Schäden.

Noch vor Eintreffen des Notarztes packt Herrn A rasende Wut. Er ruft bei seiner Frau an und schreit sie an, er sei nun alles endgültig leid, nun werde er mit ihr abrechnen; er werde sie zur Hölle schicken und K gleich mit. Frau A kannte ihren Mann bis dahin nur als ruhig und zurückhaltend. Sie hatte damit gerechnet, dass er die Polizei verständigen und sie festnehmen lassen würde. Einen solchen Zornesausbruch hatte sie ihm nicht zugetraut. Deshalb gerät sie derart in Verwirrung und Furcht, dass sie nicht bedenkt, dass ihr Mann zu Fuß zur Wohnung der F gelaufen war und daher für den Rückweg etwa 30 Minuten benötigen würde, so dass sie in der Zwischenzeit ihrerseits die Polizei verständigen könnte, um sich und K vor ihrem Mann zu schützen. Sie klammert sich vielmehr unwillkürlich erneut an das Messer und wartet ab.

Als Herr A dann, rasend vor Wut und mit dem Schrei: „Ich bringe Euch um!", in die Wohnung stürmt und auf sie zustürzt, hebt sie, überwältigt von Verwirrung und Furcht, das Messer und sticht ihn nieder. Herr A verblutet.

Strafbarkeit der Frau A?

Zu prüfen sind aus dem Besonderen Teil nur die Delikte gegen Leib und Leben mit Ausnahme von § 221. Nicht zu prüfen sind Konkurrenzen.

Inhaltsverzeichnis

GUTACHTEN

1. Tatkomplex: Niederstechen der F

A. Strafbarkeit der Frau A gem. §§ 212 I, 211 II 4. Alt, 5. Alt. StGB[1]

A könnte sich dadurch, dass sie der F ein Messer in die Bauchhöhle gestoßen hat, nach §§ 212 I, 211 II 4. Alt, 5. Alt strafbar gemacht haben.

Der objektive Tatbestand des § 212 I setzt den Tod eines anderen Menschen voraus. Da Frau A die F nicht getötet hat, ist der tatbestandliche Erfolg ausgeblieben, die Vollendung scheidet daher aus. Demnach kommt eine Strafbarkeit nach §§ 212 I, 211 II 4. Alt, 5. Alt nicht in Frage.

Bei „Platzmangel" kann in einem derartigen klaren Fall der Nichtvollendung auch direkt auf die Versuchsprüfung eingegangen werden, da dort auch die Nichtvollendung geprüft wird.

B. Strafbarkeit der Frau A gem. §§ 212 I, 211 II 4. Alt, 5. Alt, 22, 23 I

A könnte sich durch den Messerstich in die Bauchhöhle der F nach §§ 212 I, 211 II 4. Alt, 5. Alt, 22, 23 I strafbar gemacht haben.

I. Vorprüfung

1. Nichtvollendung

Wie bereits geprüft ist der tatbestandliche Erfolg nicht vollendet worden. In Betracht kommt daher der Versuch. Ein Versuch ist jede begonnene, aber noch nicht vollendete Tat, die zwischen Vorbereitung und Vollendung liegt, und zur Tatbestandsverwirklichung unmittelbar ansetzt[2].

2. Strafbarkeit des Versuchs

Die Strafbarkeit des Versuchs ergibt sich aus §§ 212 I, 211 I, 23 I, 12 I.

II. Tatbestandsmäßigkeit

A müsste tatbestandsmäßig gehandelt haben.

1. Subjektiver Tatbestand - Tatentschluss

Zur Erfüllung des subjektiven Tatbestandes müsste B einen Tatentschluss zur Tötung eines Menschen gehabt haben.

Tatentschluss bedeutet Vorsatz zur Verwirklichung aller objektiven Tatbestandsmerkmale[3].

---

[1] Die folgenden Paragraphen sind solche des StGB.
[2] Tröndle / Fischer, § 22 Rn. 2.
[3] Wessels / Beulke, Strafrecht AT, Rn. 598.

Vorsatz ist der Wille zur Verwirklichung eines Straftatbestandes in Kenntnis aller seiner objektiven Tatumstände[4].

A könnte mit der Vorsatzform Absicht gehandelt haben. Absicht ist das zielgerichtete Erstreben des tatbestandsmäßigen Erfolges[5].

Vorsicht!

Die Prüfung der Mord- merkmale be- reitet immer wieder Schwie- rigkeiten. Mordmerkmale der 2. Gruppe sind nach ganz h.M. tatbezo- gene Mord- merkmale, die der 1. und 3. Gruppe täter- bezogen, sind also auch nur im subj. Tb oder wie hier in der Schuld zu prüfen.

Zur Vertiefung:

Otto, Jura 1994, S. 141

Es kam der A gerade darauf an, die F „aus dem Wege zu räumen", um die Ehe des gemeinsamen Kindes wegen zu retten. A handelt folglich mit Absicht zur Tötung, also mit Tatentschluss. A erfüllt den subjektiven Tatbestand.

Darüber hinaus könnte sich die Vorsatzform der Absicht auch auf die Mordmerkmale der 2. Gruppe des § 211 II beziehen. Zu prüfen ist, ob der Tatplan der A auf eine heimtückische Tötung gem. § 211 II 5 Alt. gerichtet war.

Nach ständiger Rechtsprechung bedeutet Heimtücke die bewusste Ausnutzung der Arg- und Wehrlosigkeit[6] in feindseliger Willensrichtung[7].

A könnte arglos sein. Arglosigkeit liegt vor, wenn das Opfer bei Beginn des ersten, mit Tötungsvorsatz ausgeführten Angriffs, das heißt bei Eintritt der Tat in das Versuchsstadium, nichts Böses ahnt[8].

F versieht sich in dem Augenblick, in dem A sie mit dem Messer anfällt, das heißt zu dem Zeitpunkt, als die Tat in das Versuchs- stadium eintritt, keines Angriffs. Da sie von hinten „ahnungslos" überfallen wird, kann sie A auch gar nicht sehen. F ist demnach arg- los.

Zu prüfen ist, ob F auch wehrlos war.

Wehrlos ist, wer infolge seiner Arglosigkeit zur Verteidigung außerstande oder in seiner Verteidigung stark eingeschränkt ist[9].

Da F bei Versuchsbeginn keinen Angriff auf ihr Leben erkannte, war sie auch nicht in der Lage, Vorkehrungen zu treffen, die einen Angriff hätten scheitern lassen oder den Erfolg abwenden können. Sie konnte zwar den Angriff „im letzten Moment" bemerken und eine „abwehrende Bewegung" machen, doch hatte A längst unmit- telbar zur Tötung angesetzt. Folglich war A bei Angriffsbeginn auch wehrlos.

---

[4] Wessels / Beulke, Strafrecht AT, Rn. 203.
[5] Roxin, Strafrecht AT, § 12 Rn. 7.
[6] BGHSt 19, 321, 321; 22, 77, 79.
[7] BGHSt 9, 385, 390.
[8] Otto Jura 1994, 141, 149.
[9] BGH GA 1971, 113, 113; Wessels / Hettinger, Strafrecht BT I, Rn. 112.

Weiterhin müssen die Arg- und Wehrlosigkeit in bewusst tückisch verschlagener Weise zur Tötung ausgenutzt werden. Das ist gegeben, wenn der Täter die von ihm herbeigeführte oder vorgefundene Lage der Arg- und Wehrlosigkeit im Wege des listigen, hinterhältigen oder planmäßig-berechnenden Vorgehens bewusst zu einem Überraschungsangriff ausnutzt und das Opfer so daran hindert, sich zu verteidigen, zu fliehen, Hilfe herbeizuholen oder dem Angriff auf sein Leben sonstwie Hindernisse entgegenzusetzen[10].

A wusste, dass F irgendwann nach Hause kommen musste. Sie lauerte der F in der Nähe der Wohnungstür auf. A konnte davon ausgehen, dass F sie nicht erwartete und sehen konnte. Diese Situation nutzte A bewusst zu einem Überraschungsangriff aus, um zu verhindern, dass sich das Opfer verteidigen kann. Eine feindliche Willensrichtung ist gegeben. Es kommt der A gerade darauf an, F zu töten. A hat folglich die Arg- und Wehrlosigkeit bewusst ausgenutzt.

Die herrschende Lehre[11] verlangt zusätzlich einen besonders verwerflichen Vertrauensbruch. Demnach ist fraglich, ob ein Vertrauensbruch vorliegt. Voraussetzung dafür ist, dass der Täter ein spezielles Vertrauen, welches das Opfer ihm entgegenbringt, zur Tatbegehung ausnutzt[12]. Darüber gibt der Sachverhalt keine Auskunft. Folglich ist kein Vertrauensbruch anzunehmen. Nach der herrschenden Lehre hat A somit nicht heimtückisch gehandelt.

Ein Teil der Lehre[13] bestreitet die Notwendigkeit des Vertrauensbruchs. Der Täter offenbare seine hohe Gefährlichkeit und die Verwerflichkeit seines Vorgehens dadurch, dass er ein fremdes, arg- und wehrloses Opfer in verschlagener, kaltblütig berechnender Weise aus dem Hinterhalt heraus tötet[14].

Dies ist aus kriminalpolitischen sowie aus Gründen des Opferschutzes abzulehnen. Attentäter und Meuchelmörder könnten demnach nicht mehr wegen Mordes bestraft werden, wenn sie ihr Opfer nicht kannten.

A hat demnach heimtückisch gehandelt. Für die Mordmerkmale „grausam" und „mit gemeingefährlichen Mitteln" gibt der Sachverhalt keine Anhaltspunkte.

Merke:

Bei der Tötung Schlafender soll nach h.M. Heimtücke vorliegen, da Schlafende ihre Arglosigkeit mit in den Schlaf nehmen (BGH St 23, 119, 120). Bei der Bewußtlosigkeit soll hingegen keine Heimtücke bejaht werden können, da dieser Zustand das Opfer überkomme, ohne daß es dies verhindern könne (BGH St 23, 119, 120; Rengier in: MDR 1980, S. 6.

Wieder nicht sauber gutachtlich: das Ergebnis steht vorn, die Begründung folgt – anders herum wäre es richtig: "...Da Attentäter und ...bestraft werden können, ist... abzulehnen

---

[10] Wessels / Hettinger, Strafrecht BT I, Rn. 114.
[11] Schönke / Schröder - Eser, § 211 Rn. 26; SK - Horn, § 211, Rn. 32; Krey, Strafrecht BT 1, Rn. 58; Schmidhäuser, Die Gesinnungsmerkmale im Strafrecht, S. 232 f.
[12] Otto, ZStW 1983, 39, 63.
[13] LK - Jähnke, § 211 Rn. 40f.; Wessels / Hettinger, Strafrecht BT I, Rn. 108.
[14] Wessels / Hettinger, Strafrecht BT I, Rn. 108.

2. Objektiver Tatbestand - unmittelbares Ansetzen

A müsste weiterhin unmittelbar zur Tat angesetzt haben. Der Täter setzt unmittelbar zur Verwirklichung des Tatbestandes an, wenn er ein Tatbestandsmerkmal verwirklicht oder Handlungen vornimmt, die nach seinem Tatplan der Erfüllung eines Tatbestandes vorgelagert sind und in die Tatbestandshandlungen unmittelbar einmünden[15].

A könnte durch den Messerstich schon ein Tatbestandsmerkmal verwirklicht haben. Der Messerstich ist die Tathandlung und somit ein verwirklichtes Tatbestandsmerkmal. Ein unmittelbares Ansetzen liegt demnach vor. A handelte tatbestandsmäßig.

Empfehlenswert ist es, auch die täterbezogenen Mordmerkmale der 1. und 3. Gruppe im subj. Tb zu prüfen.

III. Rechtswidrigkeit

Die Rechtswidrigkeit kann durch Rechtfertigungsgründe ausgeschlossen werden. Im vorliegenden Fall sind keine Rechtfertigungsgründe ersichtlich. A handelte folglich rechtswidrig.

IV. Schuld

1. Spezielle Schuldmerkmale

Merke:

Eifersucht ist dann ein niedriger Beweggrund, wenn sie aus Besitzdenken resultiert, nicht aber, wenn sie menschlich nachvollziehbar ist (vgl. BGH St 3, 132).

Zu prüfen ist, ob das Missfallen der A über die in eine Krise geratene Ehe einen sonstigen niedrigen Beweggrund gem. § 211 II 1. Gruppe 4. Alt. darstellt.

Sonstige Beweggründe sind niedrig, wenn sie als Motive einer Tötung nach allgemein sittlicher Anschauung verachtenswert sind und auf tiefster Stufe stehen[16]. Die Niedrigkeit des Beweggrundes ist nach den Umständen der Tat zu beurteilen[17], wobei das Missverhältnis zwischen Tatanlass und Zweck, wie auch das Verschulden der eigenen Lage von wesentlicher Bedeutung sind[18].

A handelte in der Absicht, ihre Ehe des Kindes wegen zu retten. Dies begründet jedoch keine Annahme eines niedrigen Beweggrundes.

2. Entschuldigungsgründe

Entschuldigungsgründe, welche die Schuld ausschließen könnten, sind nicht ersichtlich. A hat somit schuldhaft gehandelt.

---

[15] BGH NStZ 1987, 20, 20; Tröndle / Fischer, § 22 Rn. 10, 11.
[16] BGHSt 2, 60, 63; 3, 132, 132; Wessels / Hettinger, Strafrecht BT I, Rn. 95.
[17] BGH NJW 1954, 565, 565; BGHSt 3, 132, 132; Wessels / Hettinger, Strafrecht BT I, Rn. 95.
[18] BGHSt 28, 210, 212; Schönke / Schröder - Eser, § 211, Rn. 18; Wessels / Hettinger, Strafrecht BT I, Rn. 95; Joecks, Studienkommentar StGB, § 211, Rn. 17.

V. Persönlicher Strafaufhebungsgrund - Rücktritt

A könnte dadurch, dass sie nicht weiter auf F einsticht und ihren Ehemann darum bittet, nach der F zu sehen, vom Versuch gem. § 24 I strafbefreiend zurückgetreten sein.

1. Voraussetzungen des § 24 I

Voraussetzung dafür ist, dass die Tat nicht vollendet ist[19] und kein fehlgeschlagener Versuch vorliegt[20].

A hat den Tatbestand des § 212 I nicht vollendet[21]. Fehlgeschlagen ist ein Versuch, wenn die zu ihrer Ausführung vorgenommenen Handlungen ihr Ziel nicht erreicht haben und der Täter erkannt hat, dass er mit den ihm zur Verfügung stehenden Mitteln den tatbestandlichen Erfolg entweder gar nicht mehr oder zumindest nicht ohne zeitlich relevante Zäsur herbeiführen kann[22].

A hielt den Eintritt des Erfolges für möglich. Folglich liegt kein fehlgeschlagener Versuch vor.

2. Unbeendeter / beendeter Versuch

Weiterhin ist zwischen einem unbeendeten - § 24 I S. 1 1. Alt. - und beendeten Versuch - § 24 I S. 1 2. Alt. - zu unterscheiden. Maßgeblich ist nach herrschender Lehre[23] und neuerer Rechtsprechung[24] die Vorstellung des Täters nach der letzten Ausführungshandlung, während die frühere Rechtsprechung[25], der Tatplantheorie folgend, auf die Vorstellung des Täters bei Tatbeginn abstellt.

Der herrschenden Meinung ist hier zu folgen, *denn* erst nach der letzten Ausführungshandlung kann der Täter beurteilen, ob er seiner Meinung nach alles zur Verwirklichung des Erfolges getan hat.

In diesem Fall könnte A vom beendeten Versuch zurückgetreten sein. Beendet ist ein Versuch, wenn der Täter davon ausgeht, bereits alles getan zu haben, was zum Erfolgseintritt notwendig ist[26].

Weiterhin kann sich ein beendeter Versuch aus der nahegerückten Möglichkeit des Erfolgseintritts und einem entsprechenden Gefahrbewußtsein ergeben[27].

Aufbau Rücktritt:

1. Anwendbarkeit

kein fehlgeschlagener Versuch (a.a. lässt es an der Freiwilligkeit scheitern)

2. unbeendeter / beendeter Versuch

3. Rücktrittshandlung,

§ 24 I bei Alleintäterschaft,

§ 24 II bei Beteiligung mehrerer

4. Freiwilligkeit

Mangel: Klassisches Urteil: das vorangestellte Ergebnis wird nachfolgend begründet! Lösung: Satzteile vertauschen!

---

[19] Wessels / Beulke, Strafrecht AT, Rn. 627.
[20] Kühl, Strafrecht AT, § 16 III, Rn. 9; Wessels / Beulke, Strafrecht AT, Rn. 628.
[21] s. A und B O 1.
[22] Wessels / Beulke, Strafrecht AT, Rn. 628.
[23] Jescheck / Weigend, Strafrecht AT, § 51 II 3, S. 541 f.; LK – Lilie / Albrecht, § 24, Rn. 52.
[24] BGHSt 31, 170, 175; 35, 90, 91.
[25] BGHSt, 14, 75, 79; 22, 176, 177; Wessels / Beulke, Strafrecht AT, Rn. 632.
[26] Kühl, Strafrecht AT, § 16 III Rn. 25.
[27] BGHSt 31, 170, 175.

A sah die Möglichkeit, dass F infolge des Messerstichs sterben könnte. Ihrer Vorstellung nach hätte F an „lebensbedrohlichen inneren Verletzungen" sterben können. Sie war sich der Todesgefahr der F bewusst.

Somit liegt ein beendeter Versuch vor. A könnte folglich vom beendeten Versuch nach § 24 I S. 1 2. Alt Straffreiheit erlangen.

3. Rücktrittshandlung

Voraussetzung dafür ist, daß der Täter den in Gang gesetzten Ursachenverlauf bewusst und gewollt unterbricht[28]. A wollte den Tod der F nicht mehr und sah deshalb „von weiteren Stichen" ab. A hat den Kausalverlauf bewusst und gewollt unterbrochen.

A müsste freiwillig die Vollendung der Tat verhindert haben.

Freiwillig ist der Rücktritt, wenn er nicht durch zwingende Hinderungsgründe veranlasst wird, sondern der eigenen, autonomen Entscheidung des Täters entspringt[29]. A fasst „großes Entsetzen über die Tat". Sie kehrt zurück, ohne dass außen liegende Umstände sie dazu zwingen. Sie handelt autonom und somit freiwillig.

Welche Anforderungen an die Rücktrittshandlung gestellt werden ist umstritten. Einigkeit besteht darüber, dass der Täter bei der Erfolgsverhinderung sich der Hilfe Dritter bedienen darf[30].

a) Herrschende Meinung

Puppe,
NStZ 1984, S.
488.

Argumente für
diese Meinung
sind vor allem:

Nicht nur wer
sein Bestes
tut, handelt
kausal.

Die Tat verhindere nach ständiger Rechtsprechung[31] und herrschender Meinung[32], wer bis zum Zeitpunkt, in dem er den Erfolg nicht mehr abwenden könne, eine neue Kausalkette in Gang setze, die für die Nichtvollendung wenigstens mitursächlich sei[33]. Aus der Formulierung des § 24 I S. 1 2. Alt. folge nur, dass der Täter für die Erfolgsabwendung ursächlich gewesen sein müsse. Ob er noch mehr habe tun können, sei unbeachtlich[34].

Der Erfolg war noch abwendbar. Fraglich ist, ob das Bitten der A an Ihren Mann, nach der F zu sehen, für die Rettung der F kausal war. Das Bitten der A kann mit an Sicherheit grenzender Wahrscheinlichkeit nicht hinweggedacht werden, ohne dass die Rettung der F entfiele. Herr A wäre wohl nicht zu F gegangen, hätte sie nicht schwerverletzt finden und den rettenden Notarzt verständigen kön-

---

[28] LK – Lilie / Albrecht, § 24, Rn. 282; Schönke / Schröder - Eser, § 24, Rn. 59.
[29] Wessels / Beulke, Strafrecht AT, Rn. 651.
[30] Bloy, JuS 1987, 528, 530; Rudolphi, NStZ 1989, 508, 512.
[31] BGH MDR 1980, 453, 453; BGH StV 1981, 396, 396.
[32] LK - Lilie / Albrecht , § 24, Rn. 289; Kühl, Strafrecht AT, § 16 III, Rn. 71.
[33] BGHSt 33, 295, 301; BGH NJW 1989, 2068, 2068.
[34] BGH StV 1981, 396, 396; LK – Lilie / Albrecht, § 24, Rn. 296.

nen. Folglich war das Bitten der A, nach der F zu sehen, für die Rettung der F kausal. A hat nach herrschender Meinung die Vollendung der Tat verhindert.

b) Schulderfüllungstheorie

Die Schulderfüllungstheorie[35] verlangt in Anlehnung an § 24 I S. 2 ein optimales Verhinderungsverhalten. Äußerste Anstrengung, die das Vollendungsrisiko soweit wie möglich ausschließe, sei nach Begehung des Versuchs nichts weiter als die rechtliche Pflicht des Täters. Wer jemanden in Lebensgefahr bringe, sei ihm schuldig, alles an die Rettung zu setzen[36]. Nur bei optimalen Verhinderungsbemühungen liege eine honorierungsfähige Umkehrleistung vor[37].

A hat ihren Mann nur gebeten, nach der F zu schauen, weil ihr etwas passiert sei. A gibt folglich ungenaue Angaben. Nach dieser Auffassung hat A die Vollendung der Tat nicht nach besten Kräften verhindert.

c) Lehre von der objektiven Zurechnung

Nach einer dritten Auffassung[38] wird ein optimales Verhinderungsverhalten zwar nicht verlangt, doch müsse die Erfolgsverhinderung als „das Werk" des zurücktretenden Täters erscheinen. Der Verhinderungserfolg müsse dem Zurückgetretenen objektiv zurechenbar sein[39]. Umstritten ist, was der Täter tun müsse, damit die Vollendungsverhinderung durch eine andere Person als seine eigene Rücktrittsleistung zugerechnet werden könne[40].

Allein maßgebend ist das Tatherrschaftskriterium[41]. Gegen diese These spreche, dass ein strafbefreiender Rücktritt stets zu verneinen wäre, wenn der Täter in gebotener Weise unverzüglich einen Arzt herbeiriefe und diesem das lebensgefährlich verletzte Opfer anvertraute. Dem Täter bliebe nur die Rolle des Anstifters. Ziel der „Lehre von der goldenen Brücke" sei, dem Täter eine Umkehr zu erleichtern, zumindest aber nicht zu erschweren[42]. Entscheidend jedoch sei, dass der Täter freiwillig seinen rechtswidrigen Willen aufgebe, durch einen „actus contrarius" das Rettungsgeschehen initiiere und jetzt sein Verhalten normgemäß auf die Verhinderung des Erfolges

Der Garant ist zur Handlung mit der besten Rettungsaussicht verpflichtet. Um einen Wertungswiderspruch zwischen Ingerenz und Rücktritt zu vermeiden, ist diese Ansicht gut vertretbar.

Herzberg, NJW 1988, S. 1566; Bloy, JuS 1987, S. 528, S. 533.

---

[35] Herzberg, NStZ 1989, 49, 49.
[36] Herzberg, NStZ 1989, 49, 49.
[37] Kühl, Strafrecht AT, § 16 III, Rn. 68.
[38] Wessels / Beulke, Strafrecht AT, Rn. 644; Bloy, JuS 1987, 528, 533; Rudolphi, NStZ 1989, 508, 511.
[39] Bloy, JuS 1987, 528, 533.
[40] Rudolphi, NStZ 1989, 508, 513.
[41] Herzberg, NJW 1989, 862, 866.
[42] SK - Rudolphi, § 24, Rn. 4.

ausrichte. Durch diese Umkehrleistung stabilisiere der Täter das erschütterte Vertrauen und neutralisiere den Eindruck der Gefährlichkeit. Somit seien auch Fälle der bloßen Anstiftung noch erfasst[43]. Auch die bloße an einen Dritten gerichtete Aufforderung, die Vollendung der Tat zu verhindern, verschaffe dem Täter Straffreiheit, wenn er dadurch in dem Dritten einen Rettungsentschluss hervorrufe und der Dritte diesen schließlich auch erfolgreich in die Tat umsetze. Ausreichend sei aber auch, wenn der Täter eine Situation schaffe, in der der Dritte aus eigener Initiative das Rettungswerk vollendet[44].

Fraglich ist folglich, ob die Rettung der F „als Werk" der A objektiv zugerechnet werden kann.

Dazu müsste A eine Situation geschaffen haben, in der ihr Ehemann aus eigener Initiative das Rettungswerk vollendet. A fordert ihren Ehemann auf, nach der F zu sehen, da „ihr etwas passiert sei". Herr A will noch genauere Informationen, die er jedoch nicht erhält. Ein Rettungsentschluss ist in ihm geweckt worden. Aus eigenem Antrieb läuft er zur Wohnung der F, findet sie schwerverletzt auf und ruft den Notarzt. Folglich hat Frau A diese Situation geschaffen.

Die Rettung der F kann der A „als Werk" objektiv zugerechnet werden.

d) Streitentscheid

Da die Schulderfüllungstheorie zu einem anderen Ergebnis kommt als die herrschende Lehre und die Lehre von der objektiven Zurechnung, ist ein Streitentscheid erforderlich.

Nach der Schulderfüllungstheorie ist ein optimales Verhinderungsbemühen für einen strafbefreiten Rücktritt notwendig. Der Strafgrund des Versuchs ist nach der herrschenden Eindruckstheorie[45] die Betätigung des rechtsfeindlichen Willens und die Fähigkeit der Deliktsbegehung. Hier ist den Argumenten der Lehre von der objektiven Zurechenbarkeit zuzustimmen. Entscheidend ist, dass der Täter das in ihn gesetzte Vertrauen erschüttert hat und durch die Aufgabe seines Tatentschlusses und seine Umkehrleistung auf den Boden der Legalität zurückgekehrt ist, wonach eine Strafe weder aus general- noch spezialpräventiven Gründen erforderlich erscheint. Der Eindruck der Gefährlichkeit ist erloschen. Gegen ein optimales Verhinderungserfordernis spricht weiterhin die vorstellbare Situation, in

---

[43] SK - Rudolphi, § 24, Rn. 27 c; Bloy, JuS 1987, 528, 534; Rudolphi, NStZ 1989, 508, 513 f.
[44] Bloy, JuS 1987, 528, 534; Rudolphi, NStZ 1989, 508, 513 f.
[45] BGHSt 11, 324, 324; Wessels / Beulke, Strafrecht AT, Rn. 594.

der der Täter gleichzeitig mehrere Rettungsmöglichkeiten zur Verfügung hat, jedoch die beste nicht finden kann. Sollte sein Verhinderungsbemühen Erfolg haben, ist es nicht einzusehen, dass er bestraft wird, wenn das Opfer keine bleibenden Schäden davonträgt, weil er nicht die beste Rettungsform gewählt hat. Der Gesetzgeber hat sich für das Motto „Ende gut, alles gut" entschieden. Dem Täter könnte nach der Schulderfüllungstheorie der Anreiz zur Rückkehr genommen werden, da dieser nach besten Kräften den Erfolg verhindern müsse. Dies liegt nicht im Interesse des Opfers.

Die Schulderfüllungstheorie ist deshalb abzulehnen.

Da die herrschende Lehre und die Lehre der objektiven Zurechnung zum gleichen Ergebnis führen, ist ein Streitentscheid entbehrlich. Demnach hat A die Vollendung der Tat verhindert. A ist folglich gem. § 24 I S. 1 2. Alt. vom versuchten Mord strafbefreiend zurückgetreten.

VI. Ergebnis
A hat sich nicht gem. §§ 212 I, 211 II 4. Alt, 5. Alt, 22, 23 I strafbar gemacht.

C. Strafbarkeit der Frau A gem. §§ 223, 224 I Nr. 2, 3, 5
Indem A der F ein Messer in die Bauchhöhle stach, könnte sie sich wegen gefährlicher Körperverletzung gem. §§ 223 I, 224 I, Nr. 2, 3, 5, strafbar gemacht haben.

I. Tatbestandsmäßigkeit

1. Objektiver Tatbestand

a) Grundtatbestand
Dazu müsste A die F zunächst gem. des Grundtatbestandes des § 223 I körperlich misshandelt oder deren Gesundheit beschädigt haben.

aa) Körperliche Misshandlung
Eine körperliche Misshandlung ist jede üble, unangemessene Behandlung, durch die das körperliche Wohlbefinden beeinträchtigt oder sonst auf die körperliche Unversehrtheit eingewirkt wird[46]. Dadurch, dass A der F ein Messer in den Rücken stach, liegt eine solche vor.

---

[46] LK - Lilie, § 223, Rn. 6.

bb) Gesundheitsbeschädigung

Eine Gesundheitsbeschädigung ist jedes Hervorrufen oder Steigern eines vom Normalzustand der körperlichen Funktionen nachteilig abweichenden Zustandes[47].

Auch eine Gesundheitsbeschädigung liegt durch das Niederstechen und der daraus resultierenden schweren Verletzungen der F vor.

cc) Zwischenergebnis

Es liegt eine körperliche Misshandlung und eine Gesundheitsbeschädigung vor, die A kausal und objektiv zurechenbar herbeigeführt hat. Die beiden objektiven Tatbestandsmerkmale einer Körperverletzung gem. § 223 I sind erfüllt.

b) Qualifizierende Merkmale

A könnte weiterhin eines der qualifizierenden Merkmale des § 224 I erfüllt haben. In Betracht kommen die Verwendung eines gefährlichen Werkzeuges, ein hinterlistiger Überfall, und eine das Leben gefährdende Behandlung.

aa) Gefährliches Werkzeug gem. § 224 I Nr. 2

Nach h.M. fallen hierunter nur bewegliche Gegenstände, nicht z.B. eine Felswand (BGHSt 22, 235).

Ein gefährliches Werkzeug ist jeder Gegenstand, der unter Berücksichtigung seiner Beschaffenheit und der Art seiner Benutzung konkret geeignet ist, erhebliche körperliche Verletzungen beim Angegriffenen hervorzurufen[48]. Das Messer führt bei der F zu lebensgefährlichen Verletzungen und kann des weiteren sogar zum Tode des Opfers führen. Es stellt damit ein gefährliches Werkzeug im Sinne des § 224 I Nr. 2 dar.

bb) Hinterlistiger Überfall gem. § 224 I Nr. 3

A könnte die F weiterhin hinterlistig überfallen haben, indem sie der ahnungslosen F auflauerte und von hinten anfiel.

Allein das Ausnutzen eines Überraschungsmomentes soll nicht ausreichend sein.

Hinterlistig ist ein Überfall, das heißt ein unvorhergesehener Angriff, wenn der Täter dabei planmäßig unter Verdeckung seiner wahren Absicht mit List vorgeht, um dadurch dem Angegriffenen die Abwehr zu erschweren[49], der plötzliche Überfall als solcher reicht dabei nicht aus[50].

Durch das Auflauern der F durch die A mit der Absicht, die eintretende F von hinten zu töten, hat A folglich die F nicht hinterlistig überfallen.

---

[47] Lackner / Kühl, § 223, Rn. 5; BGHSt 36, 1, 6; 43, 346, 354.
[48] Krey, Strafrecht BT I, Rn. 247.
[49] Krey, Strafrecht BT I, Rn. 251.
[50] Tröndle / Fischer, § 224, Rn. 10; LK - Lilie, § 224, Rn. 31.

cc) Lebensgefährliche Behandlung gem. § 224 I Nr. 5

Für eine lebensgefährliche Behandlung genügt es, dass diese objektiv lebensgefährlich ist[51]. Da ein Stich in die Bauchhöhle objektiv geeignet ist, das Leben zu gefährden, hat A auch das qualifizierende Merkmal der lebensgefährdenden Behandlung erfüllt.

dd) Zwischenergebnis

A hat somit die qualifizierenden Merkmale des gefährlichen Werkzeuges und einer lebensgefährdenden Behandlung begangen.

c) Zwischenergebnis

A hat mithin den objektiven Tatbestand der §§ 223 I, 224 I erfüllt.

2. Subjektiver Tatbestand

A müsste weiterhin vorsätzlich gehandelt haben[52]. Nach der herrschenden Einheitstheorie[53] ist im Tötungsvorsatz der Körperverletzungsvorsatz eingeschlossen, nach der Gegensatztheorie[54] schließt Tötungsvorsatz den Körperverletzungsvorsatz aus. Da physiologisch gesehen bei der Tötung die Körperverletzung ein notwendiges Durchgangsstadium vor Todeseintritt, zumindest für eine „logische Sekunde" ist, ist der Einheitstheorie zu folgen[55].

Der Vorsatz muss sich auf die objektiven Tatbestandsmerkmale des Grundtatbestandes und eine der Qualifikationen richten[56].

Da A der F gewusst und gewollt auflauerte und ein Messer in die Bauchhöhle stach, ist Vorsatz zu bejahen. A handelte tatbestandsmäßig.

II. Rechtswidrigkeit und Schuld

Die Rechtswidrigkeit und Schuld unterliegen keinen Bedenken. A hat rechtswidrig und schuldhaft gehandelt.

III. Ergebnis

A hat sich der gefährlichen Körperverletzung gem. § 223 I, 224 I Nr. 2 und 5 strafbar gemacht.

Strittig ist bei der lebensgefährdenden Behandlung, ob sie nur abstrakt (h.M. BGH St 2, 160, 163, Wessels / Hettinger, Rn. 282) oder konkret (Schönke / Schröder) lebensgefährlich sein muss. Aus Praktikabilitätsgründen ist der h.M. zu folgen, da im Prozess nur der Beweis geführt werden muss, dass ein Vorsatz bzgl. der generellen Lebensgefährlichkeit bestand.

---

[51] Lackner / Kühl, § 224, Rn. 8.
[52] Zur Definition des Vorsatzes s. Fußnote 4.
[53] BGHSt 16, 122, 122; 21, 265, 266; LK - Lilie, Vor § 223, Rn. 16; Krey, Strafrecht BT I, Rn. 229.
[54] Krey, Strafrecht BT I, Rn. 228.
[55] Krey, Strafrecht BT I, Rn. 230.
[56] LK - Hirsch, § 223 a, Rn. 23.

2. Tatkomplex: Niederstechen des A

A. Strafbarkeit der A gem. § 212 I

A könnte sich dadurch, dass sie ihren Ehemann mit dem Messer niedergestochen hat, gem. § 212 I strafbar gemacht haben.

I. Tatbestandsmäßigkeit

A müsste tatbestandsmäßig gehandelt haben.

1. Objektiver Tatbestand

Herr A ist tot. Damit ist der tatbestandliche Erfolg des § 212 I, der Tod eines Menschen, eingetreten. Der objektive Tatbestand ist jedoch nur erfüllt, wenn die Tathandlung kausal für den Taterfolg ist und dies dem Täter objektiv zurechenbar ist. Nach der herrschenden Äquivalenztheorie[57] ist jede Bedingung als kausal anzusehen, die nicht hinweggedacht werden kann, ohne dass der konkrete Erfolg entfiele. Die Tathandlung der A, das Niederstechen des Herrn A, kann nicht hinweggedacht werden, ohne dass der Erfolg, der Tod des Herrn A, entfiele. Die Tat ist A auch objektiv zurechenbar. Der objektive Tatbestand ist erfüllt.

2. Subjektiver Tatbestand

A müsste zur Erfüllung des Tatbestandes vorsätzlich gehandelt haben. In Frage kommt Eventualvorsatz. Er ist gegeben, wenn der Täter die Möglichkeit der Rechtsgutverletzung ernst nimmt, das heißt, mit ihr rechnet und sich mit ihr abfindet[58]. Ein Niederstechen mit dem Messer beinhaltet immer zumindest die ernsthafte Todesgefahr. Bei ihrer Verteidigung gegen den Angriff ihres Ehemannes ist davon auszugehen, dass A sich mit diesem Risiko abgefunden hat. Folglich handelte A mit Eventualvorsatz und erfüllt den subjektiven Tatbestand. Demzufolge handelte A tatbestandsmäßig.

II. Rechtfertigungsgründe

Beachte, dass es eine Vielzahl von verschiedenen Rechtfertigungsgründen gibt, die alle bedacht werden müssen.

Die wichtigsten Rechtfertigungsgründe sind:

A müsste rechtswidrig gehandelt haben. Eine Handlung ist rechtswidrig, wenn sie einen Unrechtstatbestand verwirklicht und nicht durch einen Rechtfertigungsgrund gedeckt wird. In Betracht könnte Notwehr kommen.

1. Notwehr gem. § 32

A könnte beim Niederstechen ihres Ehemannes durch Notwehr gerechtfertigt sein. Voraussetzung dafür ist objektiv eine Notwehrlage und –handlung, subjektiv ein Verteidigungswille.

---

[57] Roxin, Strafrecht AT, § 11, Rn. 6.
[58] SK - Rudolphi, § 15, Rn. 43.

a) Notwehrlage

A müsste sich in einer Notwehrlage befunden haben. Die Notwehrlage wird durch einen gegenwärtigen, rechtswidrigen Angriff gegen ein Rechtsgut ausgelöst.

Angriff ist jede unmittelbar durch menschliches Verhalten drohende Verletzung rechtlicher Güter oder Interessen[59].

Herr A stürzt mit dem Schrei „Ich bringe Euch um" auf A zu. Die drohende Verletzung ist unmittelbar. Das Rechtsgut Leben der A ist bedroht. Ein Angriff auf ein Rechtsgut der A liegt somit vor. Dieser müsste gegenwärtig sein.

Fraglich ist, ob im Telefonanruf des Herrn A schon ein gegenwärtiger Angriff auf Frau A vorliegt. Gegenwärtig ist ein Angriff, wenn er unmittelbar bevorsteht, gerade stattfindet oder noch fortdauert[60]. Nicht gegenwärtig ist eine verbale Auseinandersetzung, solange der Wille zu Tätlichkeiten überzugehen nach außen hin in keiner Weise betätigt wird[61]. Gegenwärtig ist dabei auch im räumlichen Sinne zu verstehen[62].

Im Telefonanruf ist nur eine verbale Auseinandersetzung zu erkennen. Der Wille von Herrn A, „mit ihr abzurechnen", kann aufgrund der räumlichen Distanz außen noch nicht erkennbar sein. Folglich liegt im Telefonanruf noch kein gegenwärtiger Angriff.

Erst als Herr A mit dem Schrei „Ich bringe Euch um!" in die Wohnung stürzt, hat der Angriff begonnen, bzw. ist gegenwärtig.

Der Angriff müsste auch rechtswidrig sein. Ein Angriff ist rechtswidrig, wenn der Betroffene ihn nicht zu dulden braucht[63] bzw. wenn er im Widerspruch zur Rechtsordnung steht[64]. A brauchte weder den Angriff ihres Ehemannes zu dulden, noch standen diesem Rechtfertigungsgründe zur Verfügung. Somit war der Angriff auch rechtswidrig. A befand sich in einer Notwehrlage.

Seitenrandnotizen rechts:

1. § 32
2. § 34
3. §§ 227, 228, 904 BGB
4. Einwilligung
5. mutmaßliche Einwilligung
6. "§ 127 StPO

Zum Aufbau s. Schema in der 2. Hausarbeit!

Mangel im gedanklichen Aufbau: es wird das Losstürmen behandelt und nun ohne erkennbaren Sinn auf den Anruf eingegangen! Hier muss deutlich herauskommen: problematisch ist, ab wann der Angriff unmittelbar bevorsteht. Dies könnte schon mit dem Anruf der Fall gewesen sein...

---

[59] Schönke / Schröder – Lenckner/Perron, § 32, Rn. 3; LK – Rönnau / Hohn, § 32, Rn. 77.

[60] BGHSt 27, 336, 339; Jescheck / Weigend, Strafrecht AT, § 32 II 1 d, S. 341 f.

[61] Kratzsch, StV 1987, 224, 224; Schönke / Schröder - Leckner/Perron, § 32 Rn. 14.

[62] LK – Rönnau / Hohn, § 32, Rn. 143.

[63] Baumann / Weber, Strafrecht AT, S. 297.

[64] Jescheck / Weigend, Strafrecht AT, § 32 II 1 c, S. 341; Lackner / Kühl, § 32, Rn. 5.

b) Notwehrhandlung

aa) Erforderlichkeit

Die Verteidigungshandlung müsste nach objektivem ex-ante Urteil[65] erforderlich sein. Dazu müsste die Verteidigungshandlung nach den Verhältnissen im Augenblick des Angriffs geeignet sein, den Angriff sofort zu beenden[66]. Maßgeblicher Zeitpunkt des Angriffs ist das Hereinstürmen des Herrn A in die Wohnung. Das Niederstechen mit dem Messer hat den Angriff des Herrn A sofort und endgültig beendet; folglich ist die Geeignetheit zu bejahen.

Ferner müsste das Niederstechen mit dem Messer das mildeste Mittel gewesen sein. Dazu dürfte keine gleich geeignete Verteidigungsmöglichkeit ersichtlich gewesen sein. Stehen in der konkreten Situation mehrere, aber ebenso wirksame Mittel zur Verfügung, so hat der Angegriffene, wenn ihm Zeit zur Auswahl oder Einschätzung der Gefährlichkeit bleibt, das mildere Mittel zu nehmen[67]. Maßgebend für die Bestimmung des relativ mildesten Mittels ist die jeweilige „Kampflage", insbesondere Stärke und Gefährlichkeit des Angreifers und Verteidigungsmöglichkeit des Angegriffenen und ihre Erfolgsaussichten[68]. Bei dem Gebrauch einer Waffe ist möglichst die am wenigsten schädliche Anwendungsart zu wählen[69]. Der Verteidigende ist grundsätzlich nicht gehalten, auf die Anwendung weniger gefährlicher Verteidigungsmittel zurückzugreifen, wenn deren Wirkung zweifelhaft ist[70]. Er braucht sich auf kein Risiko einzulassen[71].

Herr A stürmt in die Wohnung und „stürzt" auf Frau A zu. Dieser Angriff vollzieht sich in Sekundenschnelle. A konnte die Gefährlichkeit des Angriffs nicht einschätzen. Für eine Androhung, von einem Messer Gebrauch zu machen, war somit auch keine Zeit. Sie hätte wohl eine Vereitelung der rettenden Notwehr zur Folge.

In dieser konkreten Gewaltsituation ist anzunehmen, dass Frau A nicht gezielt das Messer einsetzen konnte. Es ist auch zweifelhaft, ob sich der angreifende Herr A durch einen Stich in den Arm oder das Bein hätte abhalten lassen oder nicht erst aufgrund einer solchen Verletzung noch wütender geworden wäre. Folglich war es der A nicht zuzumuten, auf andere Körperteile zu zielen. Unter norma-

---

[65] Roxin, Strafrecht AT, § 15 Rn. 46.
[66] Tröndle / Fischer, § 32, Rn. 28.
[67] Tröndle / Fischer, § 32, Rn. 30; LK – Rönnau / Hohn, § 32, Rn. 175.
[68] BGH NJW 1989, 3027, 3027.
[69] Spendel, JZ 1984, 507, 508.
[70] BGH StV 1990, 543, 543.
[71] Roxin, Strafrecht AT, § 15 Rn. 43.

len Umständen kann eine körperliche Überlegenheit ihres Ehemannes vorausgesetzt werden.

Eine Abwehr der A mit Schlägen wäre somit keine geeignete Verteidigungsmöglichkeit, die eine erfolgreiche Abwehr verspricht. Demnach gab es keine gleich geeignete Verteidigungsmöglichkeit. Das Niederstechen des Herrn A war das mildeste Mittel; ex ante betrachtet also erforderlich.

bb) Gebotenheit

Fraglich könnte es jedoch sein, ob die Verteidigungshandlung der A auch geboten im Sinne des § 32 I, ob nicht vielmehr ihr Notwehrrecht eingeschränkt war.

Geboten ist sie in der Regel, wenn die Verteidigung erforderlich ist, jedoch nicht, wenn von dem Angegriffenen ein anderes Verhalten zu fordern oder ihm zuzumuten ist, insbesondere wenn die Verteidigungshandlung ein Rechtsmissbrauch wäre[72]. Ob eine Handlung durch Notwehr geboten ist, hängt von normativen und sozialethischen Erwägungen ab[73]. Für eine Notwehreinschränkung kommt die Fallgruppe der engen persönlichen Beziehungen in Betracht. Das Notwehrrecht müsste unter Ehegatten eingeschränkt ein. Ob die Verteidigungsbefugnis unter Ehegatten eingeschränkt werden darf, ist strittig.

Eine verbreitete Meinung[74] verneint grundsätzlich eine Einschränkung unter Ehegatten. Der angreifende Ehepartner könne keine Rücksicht verlangen, weil er selbst seine Ehegattenpflichten verletze. Das Notwehrrecht habe sich in erster Linie am Angegriffenen und dessen Interessen, nicht am Angreifer und dessen Belangen zu orientieren[75]

Die herrschende Lehre[76] und die Rechtsprechung[77] schränken die Notwehr unter Eheleuten bei einer intakten, nicht feindlich gesinnten Familienstruktur ein. An die Gebotenheit der Abwehrhandlung seien erhöhte Anforderungen zu stellen. Keine Notwehreinschränkung treffe nur die Fälle fortdauernder Misshandlung oder einer schweren Beeinträchtigung[78].

---

[72] Tröndle / Fischer, § 32, Rn. 36; Roxin, Strafrecht AT, § 15 Rn. 59.
[73] BGHSt 42, 97, 101; Wessels / Beulke, Strafrecht AT, Rn. 342.
[74] LK – Rönnau/Höhn, § 32, Rn. 240.
[75] Spendel, JZ 1984, 507, 507.
[76] Blei, Strafrecht AT, § 39 III 2 d; Wessels / Beulke, Strafrecht AT, Rn. 345; Schroth, NJW 1984, 2562, 2562.
[77] BGH NJW 1969, 802, 802; BGH NJW 1975, 62, 62.
[78] Roxin, Strafrecht AT, § 15 Rn. 83 ff.

Generell keine Einschränkung der Notwehr zuzulassen, würde bedeuten, dass schon bei „Ausrutschern" eines Partners die Fürsorgepflicht gem. § 1353 I BGB aufgelöst wäre. Keine Ehe könnte bestehen, wenn nicht mit Maß und einer gewissen Nachsicht reagiert wird. Daher ist diese Ansicht abzulehnen und der herrschenden Lehre und der Rechtsprechung zu folgen. Folglich lässt sich das Notwehrrecht unter Eheleuten einschränken.

Fraglich ist nun, ob die Verteidigungsbefugnis der A beim Niederstechen ihres Mannes eingeengt war.

Frau und Herr A lebten 10 Jahre in nicht feindlich gesinnter Ehe. A konnte mit einer, vorher im Telefonanruf angekündigten, lebensbedrohlichen Verletzung rechnen. Als Herr A in die Wohnung hereinstürmt, stand folglich eine schwere Beeinträchtigung bevor. Ihre Verteidigusgsbefugnis war beim Niederstechen ihres Ehemannes demnach nicht eingeengt.

Sozialethisch begründete Einschränkungen kommen ferner dann in Betracht, wenn dem Angegriffenen aus besonderen Gründen anstelle rigoroser Trutzwehr ein anderes Verhalten ohne Preisgabe berechtigter Interessen zuzumuten ist und die Rechtsordnung der Bewährung durch ein nachdrückliches Niederschlagen des Angriffs nicht bedarf[79].

Nachdem A ihren Mann zu der F geschickt hatte, hätte sie, aus der ex-ante Sicht eines objektiven Beobachters, damit rechnen müssen, dass selbst ihr Mann, den sie zwar als „ruhig und zurückhaltend" kannte, unter Einfluss von Wut, Zorn und eventuell Hass seine Emotionen nicht mehr unter Kontrolle halten könnte. Sie hätte, objektiv gesehen, ohne zeitliche Not die Wohnung verlassen können, ohne dass sie ihre Interessen hätte aufgeben müssen. Es war ebenso genügend Zeit, durch einen Anruf bei der Polizei wirksame Präventivmaßnahmen zu ergreifen. Ein Ausweichen wäre ihr demnach zuzumuten gewesen.

Ein Ausweichen könnte weiter gefordert werden, sofern sie den Angriff provoziert hätte. Eine Absichtsprovokation scheidet hier allerdings aus. A kam es nicht darauf an, später von Herrn A angegriffen zu werden, um dann gegen ihn vorgehen zu können.

Zu prüfen ist jedoch, ob eine Abwehrprovokation vorliegt. Eine Abwehrprovokation liegt vor, wenn der Täter sich für eine zu erwartende Auseinandersetzung mit einer Abwehrwaffe ausrüstet, de-

---

[79] Schönke / Schröder - Lenckner/Perron, § 32, Rn. 46; Wessels / Beulke, Strafrecht AT, Rn. 342.

ren Einsatz in der konkreten Situation mangels anderer Möglichkeiten erforderlich ist. Voraussetzung ist, dass der Täter von vornherein in einer entsprechenden Absicht handelt[80]. A wartet auf den nach ihrem Leben trachtenden Ehemann. Sie „klammerte" sich „unwillkürlich" an ihr Messer. Dies geschah zudem unter Verwirrung und Furcht. Sie hatte lediglich versäumt, mildere Mittel in Erwägung zu ziehen. Sie hatte demnach nicht absichtlich auf die Notwehrsituation gewartet. Eine Abwehrprovokation liegt nicht vor.

Es könnte sich jedoch um ein provokatorisches Vorverhalten handeln, das zur Entstehung der Notwehrlage ebenfalls beigetragen hat und deshalb eine Mitverantwortung auch des Angegriffenen begründet[81].

Ob dazu das Vorverhalten rechtswidrig[82] oder nur sozialethisch mißbilligenswert[83] sein muss, ist umstritten. Die bisherige Rechtsprechung ist unklar. Das Vorverhalten der A, der versuchte Mord, war aber ohnehin rechtswidrig.

Ferner müsste das Vorverhalten für den Angriff kausal, der Angriff adäquate Folge dieses Verhaltens sein und im engen zeitlichen Zusammenhang stehen[84].

Der versuchte Mord der A an F kann nicht hinweggedacht werden, ohne dass der Angriff ihres Ehemannes entfiele. Kausalität liegt vor. Geht man von der allgemeinen Lebenserfahrung aus, ist es durchaus möglich, dass ein jahrelang ruhiger, zurückhaltender Mann, bei einem Tötungsversuch auf seine Freundin die Beherrschung verlieren kann und Rachegefühle bekommt. Der Angriff war folglich adäquate Folge des Vorverhaltens. Der zeitliche Zusammenhang ist durch die verstrichene halbe Stunde nicht in Frage zu stellen[85]. Ein provokatorisches Vorverhalten liegt demnach vor. Dies hat Konsequenzen für die Notwehrbefugnis. Einigkeit besteht darüber, dass der Angegriffene nicht das Notwehrrecht ganz verlieren kann[86]. Das Rechtsbewährungsinteresse ist weit geringer, als es das bei einem Angriff gewesen wäre, zu dem es keine Veranlassung gegeben hätte. Provozierte Angriffe rufen weit weniger Erregung in der Bevölkerung hervor, weil sie aus Interaktionen mit beiderseiti-

---

[80] Schönke / Schröder - Lenckner/Perron, § 32, Rn. 61 b.
[81] Schönke / Schröder - Lenckner/Perron, § 32, Rn. 58.
[82] BGHSt 24, 356, 359.
[83] BGHSt 26, 143, 143.
[84] Schönke / Schröder - Lenckner/Perron, § 32, Rn. 59; Roxin, Strafrecht AT, § 15, Rn. 69.
[85] Berz, JuS 1984, 341, 342.
[86] Roxin, ZStW 1993, 69, 87.

gem Verschulden hervorgehen[87]. Der Angegriffene muss dem Angriff nach Möglichkeit ausweichen. Sollte ein Ausweichen unmöglich sein, muss er zum Einsatz eines weniger gefährlichen Mittels gelangen. Ist auch dies unmöglich, dürfe er nicht sofort das Notwehrrecht im vollen Umfang für sich in Anspruch nehmen[88].

A hatte, wie bereits geprüft, Zeit gehabt, dem bevorstehenden Angriff ihres Ehemannes auszuweichen. Sie war auch dazu verpflichtet. Ihr Niederstechen war demnach nicht geboten.

A hat nicht in Notwehr gehandelt.

2. Rechtfertigender Notstand gem. § 34

Als weiterer Rechtfertigungsgrund könnte Notstand gem. § 34 eingreifen. Dies scheitert jedoch an der Interessenabwägung. Eine Abwägung Leben gegen Leben ist unzulässig. Notstand gem. § 34 liegt nicht vor.

A hat rechtswidrig gehandelt

III. Schuld

A müsste auch schuldhaft gehandelt haben.

1. Schuldfähigkeit

A war bei der Begehung der Tat, beim Niederstechen ihres Ehemannes, schuldfähig.

2. Intensiver Notwehrexzess

Merke:

Die Aufzählung in § 33 ist abschließend!!!

a) Notwehrlage im Sinne des § 32

Zunächst müsste eine Notwehrlage im Sinne des § 32 vorliegen, die über die Erforderlichkeit hinausgeht.

Wie bereits geprüft[89] liegt eine Notwehrhandlung im Sinne des § 32 vor, die über die Erforderlichkeit hinausgeht.

b) Verwirrung, Furcht oder Schrecken

Wie dem Sachverhalt zu entnehmen ist, handelt Frau A aus Furcht und Verwirrung.

Str. ist, ob § 33 auch bei extensivem Notwehrexzess, also beim nicht mehr gegenwärtigen Angriff, zur Anwendung

c) Innerer Zusammenhang zwischen Affekt und Notwehrüberschreitung

Weiterhin müsste ein innerer Zusammenhang zwischen Affekt und Notwehrüberschreitung vorliegen. Ein derartiger innerer Zusammenhang ist bei einer objektiv bestehenden Notwehrlage, das heißt

---

[87] Roxin, Strafrecht AT, § 15, Rn. 65.
[88] BGHSt 24, 356, 358; Tröndle / Fischer, § 32, Rn. 44.
[89] S. 2. Tatkomplex II 1. a. bzw. b. aa.

also bei einem schon und noch gegenwärtigen wenn vielleicht auch bereits nachlassenden, aber noch nicht endgültig beendeten Angriff, gegeben, wenn er über das Maß der zulässigen Verteidigung hinausgeht – sogenannter intensiver Exzess[90]. Sogenannte sthenische Affekte wie Wut, Zorn oder Kampfeseifer lassen die Anwendbarkeit des § 33 ausscheiden[91].

Frau A sieht sich durch das Hereinstürmen des Herrn A in die Wohnung und dessen Schrei „Ich bringe Euch um!" einem gegenwärtigen Angriff ausgesetzt[92].

Ihr Stich mit dem Messer in die Brust des A ist die auf den Angriff resultierende Reaktion und nicht lediglich nur ein sthenischer Affekt, so dass die Vorschrift des § 33 Anwendung findet und das Handeln der A demnach entschuldigt ist.

B. Ergebnis

Frau A hat sich dadurch, dass sie Herrn A mit dem Messer niedergestochen hat, nicht nach § 212 I strafbar gemacht.

Endergebnis

A hat sich nach §§ 223 I, 224 I strafbar gemacht, indem sie der F ein Messer in die Bauchhöhle stach.

- Ende der Bearbeitung -

kommt. Die h.M. verneint dies und begründet dies mit der Entstehungsgeschichte des § 33. Die Vorschrift war nämlich früher mit § 32 zusammengefasst (a.A. Schönke / Schröder – Lenckner/ Perron, § 33, Rn. 7)

---

[90] Schönke / Schröder - Lenckner/Perron, § 33, Rn. 1.
[91] Tröndle / Fischer, § 33, Rn. 4.
[92] S. 2.Tatkomplex II. 1. a.

SACHVERHALT

5. Hausarbeit

A verbrachte mit seiner langjährigen Verlobten (V), mit der er auch gemeinsam in einem Haushalt lebte, ein Wochenende am See. Eines Morgens gerieten A und V an einem abseits gelegenen Strandabschnitt in heftigen Streit, weil V den A zu einer baldigen Hochzeit drängte. Um den Streit zu beenden, begab sich V schließlich ins Wasser, um zu baden. A zog es dagegen vor, sich am Strand zu sonnen. Plötzlich vernahm A vom Wasser her laute Hilferufe der V, die sich infolge von Verkrampfungen kaum noch über Wasser halten konnte. Obgleich A davon ausging, seine Verlobte retten zu müssen, und dies als ausgebildeter Rettungsschwimmer auch hätte tun können, blieb er untätig, weil er in dem Tod der V eine günstige Gelegenheit sah, sich einer Hochzeit mit ihr zu entziehen. Tatsächlich empfand er die V nämlich schon lange als Belastung. Als die Hilferufe der V nicht mehr zu hören waren, entfernte A sich vom See. V war auch zwischenzeitlich untergegangen, wurde aber durch eine günstige Strömung bewusstlos ans Ufer getrieben. Hier fand sie zufällig der Angler B. Er zog die V an Land und machte an der Bewusstlosen erfolgreich Wiederbelebungsversuche, indem er Mund-zu-Mund-Beatmung und Herzmassage bei geöffneter Oberbekleidung der V durchführte. Während B gerade dabei war, erneut Herzmassage durchzuführen, kam zufällig die Spaziergängerin C mit ihrem Schäferhund „Hase" vorbei. Als C sah, wie sich B am entblößten Oberkörper zu schaffen machte, glaubte sie an einen Überfall. Mit dem Kommando „Fass!" hetzte sie ihren scharf abgerichteten Schäferhund auf B. Dieser verbiss sich im Arm des B, so dass dieser keine andere Möglichkeit sah, als nach einem abgebrochenen Ast zu greifen und auf den Hund einzuschlagen. Schon der erste wuchtige Schlag traf den Hund so, dass dieser verendete. Aufgebracht darüber, dass C den Hund auf ihn hetzte, versetzte B auch der C mit dem Stock einen kräftigen Schlag an den Kopf. C fiel infolge des Schlages so unglücklich mit dem Kopf auf einen Stein, dass sie eine Augenverletzung erlitt, an der sie später auf dem linken Auge erblindete. B verständigte nunmehr für die verletzten V und C einen Rettungswagen. Er selbst konnte nach ambulanter Versorgung der Bissverletzung nach Hause gehen, war aber 2 Wochen arbeitsunfähig.

Zu prüfen ist die Strafbarkeit der Beteiligten nach dem StGB.

Erforderliche Strafanträge sind als gestellt zu betrachten.

INHALTSVERZEICHNIS

GUTACHTEN

Teil 1: Strafbarkeit des A

A. Strafbarkeit gemäß §§ 212 I, 22, 23 I, 12 I, 13 I StGB[1]

A könnte sich wegen versuchten Totschlags durch Unterlassen gemäß §§ 212 I, 22, 23, 12 I, 13 I strafbar gemacht haben, indem er V nicht aus dem Wasser rettete, als sie zu ertrinken drohte.

I. Vorprüfung

Zunächst darf das Delikt nicht vollendet sein, d.h. der Erfolg, der Tod der V, darf nicht eingetreten sein. V ist nicht ertrunken und folglich nicht getötet worden. Somit ist das Delikt nicht vollendet.

Des Weiteren müsste der Versuch strafbar sein. Der Versuch eines Verbrechens ist gemäß § 23 I immer strafbar. Totschlag ist ein rechtswidriges Verbrechen nach § 12 I, daher ist der Versuch strafbar. Dies gilt auch gemäß § 13 I, wenn der Totschlag durch ein Unterlassen versucht worden ist.

II. Tatbestandsmäßigkeit

1. Subjektiver Tatentschluss

Der Tatentschluss des A müsste darauf gerichtet gewesen sein, das tatbestandliche Unrecht des § 212 durch ein Unterlassen zu verwirklichen. Er müsste also vorsätzlich gehandelt haben. Vorsätzliches Unterlassen ist die Entscheidung zwischen Untätigbleiben und möglichem Tun[2]. Zum Tatbestandsvorsatz gehört der Wille zum Untätigbleiben in Kenntnis aller objektiven Tatbestandsmerkmale unter Einschluss der die Garantenstellung begründeten Umstände und dem Bewusstsein, dass die Abwendung des drohenden Erfolges möglich ist[3]. A hätte V retten können, dennoch blieb er absichtlich untätig. Daraus lässt sich folgern, dass er den Tod der V erreichen wollte. Somit liegt Vorsatz vor.

a) Nichtvornahme der zur Erfolgsabwendung objektiv gebotenen Handlung

Der Tatentschluss des A müsste weiterhin darauf gerichtet gewesen sein, die zur Erfolgsabwendung objektiv gebotene Handlung nicht vorzunehmen. Die Beschaffenheit dieser Handlung ergibt sich aus

---

[1] Soweit nicht anders gekennzeichnet, sind alle Paragraphen solche des StGB.
[2] BGHSt 19, 295, 299.
[3] Wessels / Beulke, Strafrecht AT, Rn. 732.

Hier wird sogleich mit der Prüfung eines Unterlassungsdelikts begonnen, da es offensichtlich ist, dass A nicht durch aktives Tun in die Geschehnisse eingegriffen hat.

Auch beim Unterlassungsdelikt muss der Täter natürlich vorsätzlich handeln.

Nunmehr muss geprüft werden, ob der Täter eine gebotene Handlung nicht vorgenommen hat, obwohl er dazu physisch in der Lage gewesen wäre.

den äußeren Umständen des Einzelfalls[4]. Hier wäre es erforderlich gewesen, die Ertrinkende aus dem Wasser zu retten. A unternahm jedoch keine Rettungsversuche, sondern entfernte sich vom See, nachdem er keine Rufe mehr vernahm. Somit umfasste der Tatentschluss des A, die objektiv gebotene Handlung nicht vorzunehmen.

b) Physisch reale Möglichkeit

Weiterhin müsste A es gewusst haben, dass er die Möglichkeit hatte, den Erfolg abzuwenden. Dazu müsste der Täter den Vollzug der rettenden Handlung bewerkstelligen können, und zwar psychisch wie auch physisch[5]. A ist ausgebildeter Rettungsschwimmer und war daher in der Lage, V vor dem Ertrinken retten zu können, ohne sein eigenes Leben zu riskieren. Dies war ihm auch bewusst. Somit wusste A von seiner Möglichkeit zur Erfolsabwendung.

c) Garantenstellung

Der Täter müsste als Garant zur Hilfeleistung verpflichtet gewesen sein.

Der Vorsatz des A müsste sich außerdem auf die Garantenstellung erstrecken. Garant ist, wer aufgrund einer besonderen Pflichtenstellung rechtlich dafür einzustehen hat, dass der tatbestandliche Erfolg nicht eintritt und bei dem das Unterlassen wertungsgemäß der Verwirklichung des gesetzlichen Tatbestandes durch aktives Tun entspricht[6]. Hier könnte sich eine Garantenstellung des A aus enger Lebensgemeinschaft ergeben. Bedenklich ist jedoch die uneingeschränkte Annahme einer Garantenstellung unter Verlobten. Im Einzelfall sollen jedoch real existierende, objektiv erkennbare und eheähnliche Beziehungen zu Garantenstellungen führen[7]. Es ist also entscheidend, in welcher Nähe oder Ferne A und V leben, die Enge und Festigkeit ihres Zusammenschlusses, ihr gegenseitiges besonderes Vertrauensverhältnis und ob ihr Näheverhältnis noch objektiv existiert[8]. A und V sind seit mehreren Jahren miteinander verlobt und leben zusammen in einem Haushalt. Obwohl A sich schon seit längerem von seiner Verlobten innerlich distanzierte, existierte für V sowie für Außenstehende das Näheverhältnis noch, da sich der Streit am Strand um eine baldige Hochzeit drehte. Die ahnungslose V konnte sich in ihrer Notlage auf das Vertrauensverhältnis verlassen, da eine Trennung für sie nicht offensichtlich war. Folglich hatte A eine Garantenstellung für V, derer er sich auch bewusst war.

---

[4] Schönke / Schröder - Stree, Vor § 13, Rn. 151.
[5] Jakobs, Strafrecht AT, S. 650.
[6] Lilie, JZ 1991, 541, 541.
[7] Lilie, JZ 1991, 541, 543.
[8] Schönke / Schröder - Stree § 13 Rn. 18; Lilie, JZ 1991, 541, 546.

d) Quasikausalität

Weiterhin müsste A Vorsatz bezüglich der Quasikausalität gehabt haben. Sie liegt vor, wenn das gebotene Tun den Erfolg mit einer an Sicherheit grenzenden Wahrscheinlichkeit abgewendet hätte[9]. A war sich darüber bewusst, dass, wenn er keine Rettungsmaßnahmen ergreifen würde, V ertrinken würde. Mithin hat er Vorsatz bezüglich der Quasikausalität.

Folglich liegt dolus directus 1. Grades bezüglich aller objektiven Tatbestandsmerkmale vor.

e) Unmittelbares Ansetzen

A müsste weiterhin nach seiner Vorstellung zur Tatbestandsverwirklichung unmittelbar angesetzt haben. Wann dieser Zeitpunkt allerdings vorliegt, ist streitig.

Ein Teil der Lehre stellt auf das Verstreichenlassen der ersten Rettungsmöglichkeit ab[10]. Der andere Teil legt den Schwerpunkt auf die Versäumung der letzten Rettungschance[11]. Eine differenzierende Theorie besagt, dass der Garant dann einschreiten sollte, wenn nach seiner Vorstellung ein späteres Eingreifen sicher oder auch nur möglicherweise die androhende Rechtsgutverletzung nicht mehr abwenden kann[12]. Zunächst müsste eine Gefahrenlage für das zu schützende Rechtsgut, also das Leben der V, vorliegen. V ist dem Ertrinken nahe. A hört die Hilferufe der V, aufgrund derer er annimmt, dass das Leben der V in Gefahr geraten ist. Obwohl er die akute Gefahrenlage für V erkennt, bleibt A untätig und lässt den erstmöglichen sowie den letztmöglichen Hilfezeitpunkt verstreichen. A hat nach seiner Vorstellung zur Tatbestandsverwirklichung unmittelbar angesetzt. Folglich ist eine Entscheidung zwischen den Theorien nicht notwendig. Der objektive Tatbestand ist erfüllt.

Dieser Streit um das unmittelbare Ansetzen kann in bestimmten Fällen an Relevanz gewinnen und sollte dann differenzierter dargestellt werden.

III. Rechtswidrigkeit und Schuld

Es liegen keine Rechtfertigungsgründe vor, daher ist Rechtswidrigkeit gegeben.

Es sind auch keine Entschuldigungs- oder Schuldausschlussgründe ersichtlich, daher ist Schuld auch gegeben.

IV. Zwischenergebnis

A hat sich wegen versuchten Totschlages durch Unterlassen an C gemäß §§ 212 I, 22, 23 I, 12 I, 13 I strafbar gemacht.

---

[9] Jescheck / Weigend, Strafrecht AT, § 59 III, S. 617ff.

[10] Schröder, JuS 1984, 81, 86; Tröndle / Fischer, § 22, Rn. 31.

[11] Grünewald, JZ 1959, 46, 48; Welzel, Das Deutsche Strafrecht, § 28 IV, S. 221.

[12] Wessels / Beulke, Strafrecht AT, Rn. 741 f.

V. Qualifikation: § 211 I, II, 1. Gruppe

Darüber hinaus könnte A sich wegen versuchten Mordes gemäß § 211 I, II, 1. Gruppe strafbar gemacht haben.

VI. Tatbestand

Die Prüfung etwaiger Mordmerkmale kann bei einem versuchtem Delikt ebenso bereits im Tatentschluss geprüft werden.

Weiteres beliebtes Problem ist die Tötung aus Eifersucht. Dabei wird nur das gesteigerte Besitzdenken als niedriger Beweggrund angesehen. So nach dem Motto: Wenn ich ihn nicht haben kann, dann niemand!

Der subjektive Tatentschluss des Grunddelikts (§ 212 I liegt vor[13].

Des Weiteren müsste A Tatentschluss bezüglich eines Mordmerkmals gehabt haben. Als Mordmerkmal könnten hier niedrige Beweggründe vorliegen. Beweggründe sind niedrig, wenn sie als Motive einer Tötung nach allgemeiner sittlicher Anschauung verachtenswert sind und auf tiefster Stufe stehen[14].

A wollte V töten, um so einer Hochzeit mit ihr zu entgehen und ihre Beziehung zu beenden. Er wollte also ein störendes Lebenshindernis beseitigen. Ob dieser Beweggrund niedrig ist, muss jedoch nach den Gesamtumständen der Tat beurteilt werden. Dabei werden das Missverhältnis zwischen Ziel und Mittel sowie alle inneren und äußeren Faktoren, die für die Handlungstriebe des Täters maßgeblich waren, berücksichtigt. Bei einem Missverhältnis zwischen Ziel und Mittel wird zwischen dem Gewicht des angestrebten Erfolges im Vergleich zu dem Mittel der Lebensvernichtung unterschieden[15]. Dass A den Wunsch hatte, sich von V zu trennen, ist moralisch sicherlich vertretbar. Sie deswegen jedoch zu töten steht in keinem realen Verhältnis zu seinem angestrebten Ziel. Folglich liegt ein Missverhältnis zwischen Ziel und Mittel vor.

Bezüglich der äußeren Faktoren, in Hinsicht auf die Lebensverhältnisse des Täters, ergeben sich aus dem Sachverhalt keine hinreichenden Anhaltspunkte. Fraglich ist daher, ob die innere Motivation des Täters niedrig war und ob sich dieser darüber bewusst war. Niedrig i.S. dieser Bestimmung sind nur solche Tatantriebe, die nicht nur verwerflich sind, sondern die sittlich auf tiefster Stufe stehen und durch hemmungslose Eigensucht bestimmt sind, so dass sie besonders verachtenswert erscheinen[16]. Der Täter muss jedoch physisch fähig sein, die gefühlsmäßigen und triebhaften Regungen gedanklich zu beherrschen und willentlich zu steuern. Dieses spezifische Beherrschungs- und Steuerungsvermögen ist dann zweifelhaft, wenn der Täter aufgrund spontan gefassten Tatentschlusses handelt[17]. Denn unbewusste Strebungen sind nicht Motive, sondern

---

[13] vgl. A.II.1
[14] BGHSt 2, 63, 64.
[15] Schroeder, JuS 1984, 275, 278.
[16] Schönke / Schröder - Eser, § 211, Rn. 18.
[17] Schönke / Schröder - Eser, § 211, Rn. 39.

Triebe, die bei der Bewertung nicht relevant sind[18]. V geht ohne jegliche Beeinflussung von A im Wasser schwimmen, wo sie Verkrampfungen erleidet, aufgrund derer sie untergeht. A hat diese lebensgefährdende Situation nicht geplant oder herbeigeführt. Die belastende Beziehung zu V war eher ein unbewusster Trieb in dem Bewusstsein des A. Er entschied sich spontan für die Tötung der V nach dem Streit am Strand. Folglich fehlt das spezifische Motivationsbeherrschungsvermögen, und somit liegt keine bewusste innere niedrige Motivation vor.

Man muss demnach also stets die Gesamtumstände einer Tat berücksichtigen.

Betrachtet man also die Gesamtumstände der Tat, liegt zwar ein Missverhältnis zwischen Ziel und Mittel vor, jedoch liegen bezüglich der niedrigen inneren und äußeren Motivation nicht genügend Anhaltspunkte vor, und folglich ist ein Tatentschluss bezüglich der niedrigen Beweggründe zu verneinen. Somit ist der subjektive Tatbestand nicht erfüllt, und A hat sich nicht des Mordes nach § 211 I, II, 1. Gruppe strafbar gemacht.

VII. Ergebnis

A hat sich wegen versuchten Totschlags gemäß §§ 212 I, 22, 23 I, 12 I, 13 I strafbar gemacht.

B. Strafbarkeit gemäß § 223 I, 224, 13 I StGB

A könnte sich wegen gefährlicher Körperverletzung durch Unterlassen gemäß §§ 223 I, 224, 13 I strafbar gemacht haben, indem er V im Wasser untergehen ließ, so dass sie bewusstlos wurde.

I. Tatbestandsmäßigkeit § 223 I

A müsste den Tatbestand erfüllt haben.

1. Objektiver Tatbestand § 223 I

a) Eintritt des tatbestandsmäßigen Erfolges

A müsste V körperlich misshandelt oder an der Gesundheit beschädigt haben. Eine körperliche Misshandlung ist ein übles, unangemessenes Behandeln, das entweder das körperliche Wohlbefinden oder die körperliche Unversehrtheit nicht nur unerheblich beeinträchtigt[19]. Die Behandlung kann auch ein Unterlassen sein[20]. Die Gesundheitsbeschädigung besteht im Herbeiführen oder Steigern einer Krankheit, ohne Rücksicht auf die Dauer des pathologischen Zustandes[21]. A unterlässt jegliche Rettungsversuche, als V aufgrund ihrer Verkrampfungen zu ertrinken droht. Sie geht daher unter und

---

[18] Maurach / Schroeder / Maiwald, Strafrecht BT 1, § 2 III, Rn.40.
[19] Tröndle / Fischer, § 223, Rn. 3a; Schönke / Schröder - Eser, § 223, Rn.3.
[20] Tröndle / Fischer, § 223, Rn. 3a.
[21] BGH NJW 1960, 2253, 2253; Krey, Strafrecht BT 1, Rn. 194.

wird bewusstlos an Land getrieben. Ihr körperliches Wohlbefinden und ihre Unversehrtheit wurden durch das Unterlassen des A erheblich gestört, folglich liegt eine körperliche Misshandlung und eine Gesundheitsbeschädigung vor.

Auch bei Unterlassungsdelikten muss die nicht vorgenommene Handlung kausal für den Eintritt des Erfolges sein.

b) Nichtvornahme der zur Erfolgsabwendung objektiv gebotenen Handlung

Des Weiteren hätte A eine Handlung vornehmen müssen, die objektiv den Erfolg, nämlich die Körperverletzung der V, verhindert hätte. Diese nahm er nicht vor[22].

c) Physisch reale Möglichkeit

A müsste die physisch reale Möglichkeit gehabt haben den Erfolg abzuwenden. Diese hatte er als Rettungsschwimmer[23].

d) Garantenstellung

A müsste Garant für die Erfolgsabwendung gewesen sein. Eine Garantenstellung lag vor[24].

e) Kausalität und objektive Zurechnung

Des Weiteren wurde die Körperverletzung kausal durch die unterlassene Rettungsaktion des A hervorgerufen und ist ihm objektiv zurechenbar.

Der objektive Tatbestand des § 223 I ist damit erfüllt.

2. Subjektiver Tatbestand § 223 I

A müsste vorsätzlich gehandelt haben. Vorsatz ist der Wille zur Verwirklichung eines Straftatbestandes in Kenntnis all seiner Tatumstände[25].

Umstritten ist hierbei jedoch, ob A trotz Tötungsvorsatz auch Körperverletzungsvorsatz gehabt haben kann.

Die Gegensatztheorie ist u.E. nicht zu vertreten. Ein Tötungsvorsatz beinhaltet nach dem normalen Verständnis doch wohl auch einen Körperverletzungsvorsatz...

a) Gegensatztheorie

Nach der sogenannten Gegensatztheorie soll der Tötungsvorsatz schon begrifflich das gleichzeitige Vorliegen eines Körperverletzungsvorsatzes ausschließen[26]. Demnach hätte A hier keinen Körperverletzungsvorsatz.

b) Einheitstheorie

Dagegen steht die heute insbesondere in der Rechtsprechung vorherrschende Einheitstheorie. Diese besagt, dass der Tötungsvorsatz

---

[22] vgl. A.II.1.a).
[23] vgl. A.II.1.b).
[24] vgl. A.II.1.c).
[25] BGHSt 19, 295, 298.
[26] Schönke / Schröder - Eser, § 212, Rn. 17.

den Körperverletzungsvorsatz stets notwendig enthalte, und zwar bei dem bedingten wie auch unbedingten Tötungsvorsatz[27]. Demnach hätte A hier auch Körperverletzungsvorsatz.

c) Entscheid

Bei der Gegensatztheorie besteht beim Rücktritt vom Tötungsversuch wegen Vorsatzverneinung keine Möglichkeit eine bereits voll verwirklichte Körperverletzung zu erfassen. Deswegen ist diese Theorie abzulehnen.

Bei der Einheitstheorie ist es hingegen möglich, eine bereits verwirklichte Körperverletzung beim Mordversuch zu erfassen, *denn* jede Tötung geht zwangsläufig als Durchgangsstadium über einen pathologischen Zustand.

Urteil! Begründung folgt dem Ergebnis, das richtigerweise als Folgerung am Ende stehen müsste!

A wollte V töten, und er wusste, dass die Körperverletzung, also die Bewusstlosigkeit durch den Sauerstoffmangel unter Wasser, nur eine Vorstufe davon ist. Folglich hatte A auch Körperverletzungsvorsatz, und es ist der Einheitstheorie zu folgen.

Des Weiteren müsste A Vorsatz in Bezug auf die Nichtvornahme der zur Erfolgsabwendung objektiv gebotenen Handlung, der physisch realen Möglichkeit, der Garantenstellung und der Kausalität gehabt haben. Vorsatz diesbezüglich lag vor[28].

3. Zwischenergebnis

Somit hat A vorsätzlich gehandelt und der Tatbestand des § 223 I ist erfüllt.

II. Rechtswidrigkeit und Schuld

Rechtfertigungs- und Schuldausschlussgründe sind nicht ersichtlich.

III. Qualifikation des § 224 I Nr.5

1. Objektiver Tatbestand

Zur Qualifikation ist erforderlich, dass die Körperverletzung mittels einer das Leben gefährdenden Behandlung begangen worden ist. Diese Behandlung kann auch in Form eines Unterlassens vorliegen[29]. A unterließ jegliche Rettungsmaßnahmen, als er sah, dass seine Verlobte zu ertrinken drohte. Denn sein Ziel war der Tod der V. Nur durch einen glücklichen Zufall ertrank sie nicht. Somit hat das Verhalten des A das Leben der C in konkrete Gefahr gebracht, und der objektive Tatbestand ist erfüllt.

Wichtig bei § 224 sind auch die anderen Alternativen, die sehr häufig zu beachten sind.

---

[27] BGHSt 21, 265,266.
[28] vgl. A.II.1.
[29] Tröndle / Fischer, § 224, Rn. 12a.

2. Subjektiver Tatbestand

A müsste hinsichtlich der gefährlichen Körperverletzung vorsätzlich gehandelt haben. Der Vorsatz muss die Umstände erfassen, aus denen sich die Gefährlichkeit der Handlung ergibt[30]. A war sich darüber bewusst, dass er das Leben seiner Verlobten durch sein Untätigbleiben gefährdete[31]. Daher hat er die gefährliche Körperverletzung vorsätzlich begangen.

IV. Rechtswidrigkeit und Schuld

Rechtfertigungs- und Schuldausschlussgründe sind nicht ersichtlich.

V. Ergebnis

A hat sich wegen gefährlicher Körperverletzung gemäß §§ 223 I, 224 I Nr.5, 13 I strafbar gemacht.

C. Strafbarkeit gemäß § 221 I Nr. 2 StGB

Indem A seine bewusstlose Verlobte im Wasser allein zurückgelassen hat, könnte er sich wegen Aussetzung gemäß § 221 I Nr. 2 strafbar gemacht haben.

I. Tatbestand

1. Im Stich lassen

Als Tathandlung kommt vorliegend das Im Stich lassen in hilfloser Lage in Betracht. Voraussetzung ist, dass der Täter es unterlässt, gegen den drohenden Eintritt einer konkreten Lebens- oder Gesundheitsgefahr für das Opfer einzuschreiten.

Umfasst ist nach der neuen Rechtslage jedes Verhalten, durch das sich der Täter seiner Beistandspflicht entzieht[32].

Hier hat A sich vom Strand entfernt, nachdem V untergegangen war und ihr keinerlei Hilfe zukommen lassen. Somit hat er sie in diesem Sinne im Stich gelassen.

2. Garantenstellung

Des Weiteren müsste die hilflose V unter der Obhut des A gestanden haben. Eine Obhutspflicht liegt vor, wenn der Täter Garant für den Nichteintritt des Erfolges ist[33]. A hatte eine Garantenstellung gegenüber V[34] und somit war er obhutspflichtig. Damit ist die Tathandlung gegeben.

---

[30] Schönke / Schröder - Stree, § 224, Rn. 13.
[31] vgl. A, I.
[32] Hörnle, Jura 1998, 177, 177; SK – Horn / Wolters, § 221, Rn.6
[33] BGHSt 25, 218, 220; Lackner / Kühl, § 221, Rn. 4; Tröndle / Fischer, § 221, Rn. 4.
[34] vgl. A, I, a, cc.

3. Gefahr des Todes oder schwerer Gesundheitsbeschädigung

Das Opfer müsste weiterhin durch das Im Stich lassen ferner in eine konkrete Gefahr des Todes oder einer schweren Gesundheitsschädigung gebracht worden sein.

Da die V bewusstlos ist und A sie in dieser hilflosen Lage verlässt, sind die Gesundheit sowie auch das Leben der V stark gefährdet. Folglich ist eine konkrete Gefahr gegeben und der objektive Tatbestand ist erfüllt.

4. Vorsatz

A müsste vorsätzlich gehandelt haben. Zum Gefährdungsvorsatz des Täters gehört die Kenntnis von der Hilflosigkeit des Opfers und das Bewusstsein vom Eintritt einer konkreten Lebensgefährdung[35]. A wusste, dass V hilflos und in Lebensgefahr war. Er ging bewusst weg. Somit handelte er vorsätzlich, und damit liegt der subjektive Tatbestand vor.

II. Rechtswidrigkeit, Schuld

Rechtfertigungs- und Schuldausschließungsgründe sind nicht ersichtlich.

III. Ergebnis

A hat sich wegen Aussetzung gemäß § 221 I Nr. 2 strafbar gemacht, indem er V bewusstlos im Wasser zurückließ.

D. Strafbarkeit gemäß § 323 c StGB

A könnte sich wegen unterlassener Hilfeleistung gemäß § 323 c strafbar gemacht haben, indem er V nicht zur Hilfe geeilt ist, als diese zu ertrinken drohte.

A unterließ eine erforderliche Hilfeleistung, als ein Unglücksfall vorgelegen hat. Es bedarf jedoch hier keiner näheren Erörterung. § 323 c tritt subsidiär hinter § 221 zurück.

E. Konkurrenzen

A hat sich gemäß §§ 212 I, 22, 23, 13 I strafbar gemacht.

Ferner hat A den Tatbestand des § 223 I verwirklicht, der aber von der vorliegenden Qualifikation gemäß § 224 aufgrund von Gesetzeskonkurrenz verdrängt wird.

Nach nunmehr herrschender Meinung stehen die vollendete Körperverletzung und die versuchte Tötung in Tateinheit gemäß § 52 I, um

Unter schwerer Gesundheitsbeschädigung sind nach nahezu einhelliger Meinung nicht nur die Fälle des § 226 zu verstehen, sondern auch bspw. das Verfallen in eine langwierige Krankheit.

Dazu: Rengier, Strafrecht BT 2, § 10, Rn. 8 und Tröndle / Fischer, § 221, Rn. 17

Früher verdrängte nach Ansicht des BGH die versuchte Tötung die Körperverletzung.

---

[35] Wessels / Hettinger, Strafrecht BT 1, Rn. 205.

den verwirklichten Erfolgsunwert der vollendeten Körperverletzung in dem Urteil zu berücksichtigen[36].

Ferner hat A die Tatbestände der §§ 221, 323 c verwirklicht, wobei der letztere von § 221 verdrängt wird und dieses gegenüber § 212 zurücktritt.

F. Endergebnis:

A hat sich folglich nach §§ 212 I, 23, 22, 13 I, 12, 224, 52 strafbar gemacht.

2. Teil Strafbarkeit der C

Nunmehr wird die Strafbarkeit der C geprüft. Sie hat zwar nicht in eigener Person gehandelt, wohl aber "durch" ihren Hund.

A. Strafbarkeit der C gemäß §§ 223 I, 224 I Nr. 2

C könnte sich wegen gefährlicher Körperverletzung gem. §§ 223 I, 224 I Nr. 2 strafbar gemacht haben, indem sie ihren Hund auf B hetzte und dieser zubiss.

I. Tatbestandsmäßigkeit

1. Objektiver Tatbestand

Voraussetzung ist zunächst, dass C durch ihren Hund den B körperlich misshandelt oder an der Gesundheit beschädigt hat. C hetzte ihren Schäferhund auf B, in dessen Arm er sich verbiss. Dadurch wurde das Wohlbefinden des B in mehr als unerheblichem Grade gestört. Also liegt ein körperliches Misshandeln vor.

Weiterhin könnte auch eine Gesundheitsbeschädigung vorliegen. B erlitt durch den Biss eine Verletzung, die ambulant behandelt werden musste und ihn zwei Wochen arbeitsunfähig machte. Folglich liegt eine Gesundheitsbeschädigung vor. Beide Modalitäten wurden kausal durch den Biss des Hundes von C hervorgerufen und sind ihr objektiv zurechenbar. Ferner stellt der scharf abgerichtete Schäferhund ein gefährliches Werkzeug i.S.d. § 224 I Nr.2 dar. Somit ist der objektive Tatbestand erfüllt.

2. Subjektiver Tatbestand

C müsste vorsätzlich gehandelt haben. C wusste, dass der Biss des Hundes ein körperliches Unwohlsein bei B hervorruft und seine Gesundheit zumindest vorübergehend beschädigt. Daher handelt C vorsätzlich und der subjektive Tatbestand ist gegeben.

---

[36] BGHSt 44, 196, 196; Schönke / Schröder - Eser, § 212, Rn. 23; Wessels / Hettinger, Strafrecht BT 1, Rn. 320.

II. Rechtswidrigkeit

Das Handeln der C könnte aber gerechtfertigt sein. Als Rechtfertigungsgrund kommt Notwehr gemäß § 32 in Form von Nothilfe in Betracht.

Vorausgesetzt dafür ist das Vorliegen eines gegenwärtigen rechtswidrigen Angriffs auf B. Ein Angriff ist die Bedrohung eines Rechtsguts durch menschliches Verhalten[37]. Gegenwärtig ist der Angriff, der unmittelbar bevorsteht, begonnen hat oder noch fortdauert[38]. Als C den B am entblößten Oberkörper der V sah, machte dieser gerade Wiederbelebungsversuche, weil er sie bewusstlos aus dem Wasser gezogen hat. Es lag also kein gegenwärtiger Angriff auf das Leben der V vor. Eine Rechtfertigung der C aus Notwehr gemäß § 32 scheidet also aus, ihr Verhalten war somit rechtswidrig.

Hier ist zunächst zu prüfen, ob eine Notwehr im Sinne des § 32 vorlag. Diese lag nicht vor. C stellte sich aber andere Umstände vor: Sie glaubte, dass B die V überfallen würde. Sie könnte mithin einem so genannten **Erlaubnistatbestandsirrtum** *unterlegen sein.*

III. Schuld

Möglicherweise handelt C aber nicht schuldhaft. Sie könnte einem Erlaubnistatbestandsirrtum erlegen sein. Als Erlaubnistatbestandsirrtum bezeichnet man den Irrtum über die sachlichen Voraussetzungen eines anerkannten Rechtfertigungsgrundes, der vorliegt, wenn der Täter irrige Umstände für gegeben hält, die im Falle ihres wirklichen Vorhandenseins die Tat rechtfertigen würden[39].

Als C handelte, glaubte sie, B würde V überfallen. Hätte B die V wirklich überfallen wollen, als C ihren Hund loshetzte, hätte eine Notwehrlage i.S.v. § 32 II vorgelegen. Des Weiteren hätte diese Notwehrhandlung erforderlich und angemessen sein müssen[40]. Hierbei wäre die Verteidigungshandlung zu wählen, die den geringsten Schaden anrichtet[41]. Eine Verletzung des B, so dass dieser kampfunfähig wird und V nicht überfallen kann, wäre eine erforderliche Verteidigungsmaßnahme im Rahmen der Nothilfe gewesen. Bei § 32 ist die Verletzung eines Menschen zur Abwendung eines Angriffs gerechtfertigt. Diese darf aber nicht unverhältnismäßig sein, d.h. es darf kein grobes Missverhältnis zwischen Art und Umfang der aus dem Angriff drohenden Verletzung und der mit der Verteidigung verbundenen Beeinträchtigung oder Gefährdung des Angreifers bestehen[42]. Hätte die Verletzung der B also zur Rettung der V geführt, läge kein Missverhältnis zwischen Angriff und Verteidigung vor.

---

[37] Roxin, Strafrecht AT, § 15, Rn. 6.
[38] BGB NJW 73, 255, 255; Bay OLG, JR 1986, 291.
[39] Wessels / Beulke, Strafrecht AT, Rn. 467.
[40] Wessels / Beulke, Strafrecht AT, Rn. 333.
[41] Wessels / Beulke, Strafrecht AT, Rn. 335.
[42] Baumann / Weber / Mitsch, Strafrecht AT, § 17, Rn. 25; Wessels / Beulke, Strafrecht AT, Rn. 342.

Die Notwehrhandlung der C wäre also erforderlich und angemessen gewesen. Weiterhin besaß C auch Verteidigungswillen, somit wäre ihr Verhalten gemäß § 32 gerechtfertigt gewesen, hätten die Umstände tatsächlich vorgelegen, die sie irrig für gegeben hielt. Folglich ist sie einem Erlaubnistatbestandsirrtum erlegen. Die Behandlung dieses Irrtums ist umstritten.

1. Strenge Schuldtheorie

Diese Theorie sieht jeden Irrtum über die Rechtswidrigkeit als Verbotsirrtum mit den in § 17 normierten Rechtsfolgen an[43]. Der Irrtum schließt also niemals den Vorsatz, sondern im Falle seiner Unvermeidbarkeit lediglich die Schuld aus[44], so dass dann die Strafbarkeit entfällt. C war unter Berücksichtigung ihres Kenntnisstandes davon überzeugt gewesen, dass B die V überfallen wollte. Bei genauerer Betrachtung hätte ihr jedoch auffallen müssen, dass V völlig durchnäßt am Boden lag und der angebliche Überfall daher eher Wiederbelebungsmaßnahmen sein könnten. Der Irrtum war also vermeidbar, folglich liegt nach der strengen Schuldtheorie eine Strafbarkeit der C vor.

2. Modifizierte Vorsatztheorie

Dieser Theorie liegt die Überlegung zugrunde, dass der Vorsatz zwei Elemente enthält. Er ist Träger der Finalität und des Handlungsunwerts[45]. Das erste Element umfasst die Kenntnis der objektiven Tatbestandsmerkmale und ihres Bedeutungsinhalts sowie den Verhaltenswillen, das zweite beruht auf der Kenntnis der Sozialgefährlichkeit der Verwirklichung der Tatbestandsmerkmale. Hiernach liegt ein nach § 16 analog den Vorsatz des Täters ausschließender Irrtum vor, wenn der Täter über die tatsächlichen Voraussetzungen eines Rechtfertigungsgrundes irrt[46]. Denn sofern dem Täter das Bewusstsein des Sinngehalts fehlt, bedeutet das, dass ein Vorsatzelement fehlt und damit der Vorsatz nicht gegeben ist. C würde demnach nicht vorsätzlich handeln und es läge keine Strafbarkeit vor.

3. Lehre von den negativen Tatbestandsmerkmalen

Diese Lehre sieht in den Rechtfertigungsgründen Bestandteile eines Gesamtunrechtstatbestandes und in den einzelnen Rechtfertigungsvoraussetzungen „negative Tatbestandsmerkmale". Deren Abwesenheit soll schon unter dem Blickwinkel der Tatbestandsverwirklichung relevant sein[47]. Dieses führt zur unmittelbaren Anwendung

---

[43] Wessels / Beulke, Strafrecht AT, Rn. 469.
[44] Roxin, Strafrecht AT, § 14, Rn. 61.
[45] Geerds, Jura 1990, 421, 429; Otto, Grundkurs Strafrecht, § 15 II 2 a, Rn. 5.
[46] Otto, Grundkurs Strafrecht, § 15 II 2 a bb, Rn. 6.
[47] Roxin, Strafrecht AT, § 14, Rn. 72.

des § 16 I 1 mit der Folge, dass der Vorsatz ausscheidet, weil zum Vorsatz neben der Kenntnis aller positiven Umstände des gesetzlichen Tatbestandes die Vorstellung vom Fehlen der negativen Tatbestandsmerkmale gehöre. Da hier der Vorsatz der C entfällt, läge demnach keine Strafbarkeit vor.

4. Eingeschränkte Schuldtheorie

Bei dieser Schuldtheorie soll § 16 I analog angewendet werden.

Die erste Variante dieser Theorie verneint im Wege eines solchen Analogieschlusses den Vorsatz, das Vorsatzunrecht oder den Handlungsunwert einer vorsätzlichen Tat. Denn wenn unter dem Blickwinkel der Unrechtsvoraussetzungen zwischen Tatbestandsmerkmalen und Rechtfertigungsgründen kein qualitativer Unterschied bestehe, müsse ein Erlaubnistatbestandsirrtum zu den gleichen Konsequenzen führen wie ein Tatbestandsirrtum i.S.d. § 16 I 1[48]. Diese Variante verneint also bereits das Vorsatzunrecht.

Die zweite Variante gelangt zu dem Ergebnis, dass die irrige Annahme einer rechtfertigenden Sachlage den Tatbestandsvorsatz als Verhaltensform nicht berührt, sondern vielmehr die Vorsatzschuld und eine Bestrafung wegen vorsätzlicher Tat ausschließe.[49] Der Erlaubnistatbestandsirrtum wird damit lediglich in seinen Rechtsfolgen dem in § 16 I 1 geregelten Tatbestandsirrtum gleichgestellt[50].

Hiernach müsste also eine Strafbarkeit entweder mangels Vorsatz oder mangels Vorsatzschuld entfallen.

5. Entscheid

Die letzten drei Auffassungen kommen zu dem Ergebnis, dass eine Strafbarkeit aus einem Vorsatzdelikt wie beim Tatbestandsirrtum gem. § 16 ausgeschlossen ist. Der im Erlaubnistatbestandsirrtum befindliche Täter handelt „an sich rechtstreu"[51]; dass er sich objektiv rechtswidrig verhält, liegt nur daran, dass er die Situation falsch einschätzt. Er will sich nicht - wie der um Art und Grenzen von Rechtfertigungsgründen Irrende - gegen die Rechtsordnung auflehnen und keinen Erfolgsunwert verwirklichen. Er nimmt, anders als der im Erlaubnisirrtum befindliche Täter, für sich nicht mehr Rechtfertigungsgründe heraus, als sie ihm von der Rechtsordnung zur Verfügung gestellt werden. Beim Erlaubnistatbestands- und Tatbestandsirrtum liegt der Irrtum auf der Sachverhaltsebene, beim Er-

---

[48] Roxin, AT, § 14, Rn. 57; Wessels / Beulke, Strafrecht AT, Rn. 476.

[49] OLG Hamm, NJW 1987, 1043, 1043; Wessels / Beulke, Strafrecht AT, Rn. 478.

[50] Schönke / Schröder-Cramer/Sternberg-Lieben, § 16, Rn. 16; Wessels / Beulke, Strafrecht AT, Rn. 478.

[51] BGHSt 3, 105, 107.

laubnis- und Verbotsirrtum auf der Normebene. Die strenge Schuldtheorie verkennt diese Parallelität, wenn sie den Erlaubnistatbestandsirrtum als Verbotsirrtum nach § 17 beurteilt. Wer im
Verbotsirrtum handelt, hat eine falsche Vorstellung von Recht und
Unrecht. Es wäre kriminalpolitisch nicht haltbar, den „an sich
rechtstreuen" in dieselbe Kategorie einzuordnen. Die strenge
Schuldtheorie ist daher abzulehnen.

Demnach handelte C ohne Schuld.

IV. Ergebnis

C hat sich somit nicht wegen gefährlicher Körperverletzung an B
gemäß §§ 223 I, 224 I Nr.2 strafbar gemacht.

B. Strafbarkeit gemäß § 229 StGB

Hier ist nun-mehr zu prüfen, ob C sich dennoch wegen fahrlässiger Körperverletzung strafbar gemacht hat.

C könnte sich aber wegen fahrlässigen Körperverletzung gemäß §
229 strafbar gemacht haben.

I. Tatbestandsmäßigkeit

C müsste tatbestandsmäßig gehandelt haben.

1. Objektive Sorgfaltspflichtverletzung

Zunächst müsste C bezüglich des Irrtums objektiv sorgfaltswidrig
gehandelt haben. Dies liegt vor, wenn der Täter die im Verkehr erforderliche Sorgfalt außer Acht lässt[52].

Jedoch ist der Sorgfaltsmaßstab hierfür umstritten. Problematisch
ist, ob die Sorgfaltswidrigkeit allein nach den objektiven Kriterien
zu bestimmen oder ob allein auf das individuelle Vermögen des
Täters abzustellen ist. Die h.M.[53] bestimmt den Umfang der dem
einzelnen obliegenden Pflichten ausschließlich nach den Durch-
schnittsanforderungen des jeweiligen Verkehrskreises. Eine andere
Meinung[54] stellt darauf ab, dass die Sorgfaltswidrigkeit allein an
den Kenntnissen und Fähigkeiten des Täters zu orientieren sei.
Beiden Argumentationen wird jedoch vorgeworfen, dass sie teilweise die überdurchschnittliche und die unterdurchschnittliche
Leistungsfähigkeit genügend nicht berücksichtigen[55].

Vorliegend wäre C dazu verpflichtet gewesen, das Verhalten des B
genauestens zu beobachten und einen Moment abzuwarten, bevor
sie einen Überfall annehmen durfte. Dies tat sie nicht, somit hat sie
objektiv pflichtwidrig gehandelt.

---

[52] Schönke / Schröder - Cramer/Sternberg-Lieben, § 15, Rn. 116.
[53] Jescheck / Weigend, Strafrecht AT, § 55, S. 578.
[54] Schönke / Schröder - Cramer/Sternberg-Lieben, § 15, Rn. 133.
[55] Schönke / Schröder - Cramer/Sternberg-Lieben, § 15, Rn. 133 ff.

2. Objektive Voraussehbarkeit des Erfolges und des Kausalverlaufs

Der Irrtum und der Kausalverlauf müssten objektiv voraussehbar gewesen sein. Dies liegt vor, wenn bei Betrachtung die Gefahrenlage ex ante von einem besonnenen und gewissenhaften Menschen erkennbar war[56]. Bei sachgerechter Beurteilung der Lage war erkennbar, dass ein Wiederbelebungsversuch vorgelegen hat. Folglich lag bezüglich des Irrtums und der Kausalität objektive Voraussehbarkeit vor.

3. Abweichen des tatsächlichen vom sorgfaltsgerechten Verhalten

Weiterhin müsste das Verhalten der C im Hinblick auf den Irrtum vom Sorgfaltsgerechten abweichen. Dabei handelt fahrlässig, wer den Tatbestand eines Strafgesetzes infolge ungewollter Verletzung einer Sorgfaltspflicht verwirklicht[57]. C lässt die gebotene Sorgfalt außer acht und verwirklicht den Tatbestand der Körperverletzung, ohne dies zu erkennen. Sie handelt also fahrlässig, und somit weicht ihr Verhalten vom Sorgfaltsgerechten ab.

4. Objektive Zurechnung

Der Erfolg bezüglich des Irrtums müsste der C objektiv zurechenbar sein. Dieses setzt einen bestimmten Pflichtwidrigkeits- und Schutzzweckzusammenhang zwischen Sorgfaltsmangel und Erfolg voraus. Dieser liegt vor, wenn der tatbestandliche Erfolg bei sorgfaltsgerechtem Verhalten vermeidbar gewesen wäre und sein Eintritt aufgrund adäquaten Kausalverlaufs gerade auf der Verwirklichung von Gefahren beruht, die nach dem Schutzzweck der verletzten Norm verhütet werden sollte[58]. Bei einem sorgfaltsgerechten Verhalten der C hätten der Irrtum und damit die Körperverletzung vermieden werden können. Folglich ist der Erfolg der C objektiv zurechenbar.

Vergleiche dazu: Tröndle / Fischer, § 229

II. Rechtswidrigkeit

Es sind keine Rechtfertigungsgründe ersichtlich.

III. Schuld

1. Persönliche Vorwerfbarkeit

Weiterhin müsste der Irrtum C persönlich vorwerfbar sein. Als Schuldform könnte eine Fahrlässigkeitsschuld vorliegen.

---

[56] Wessels / Beulke, Strafrecht AT, Rn. 669.
[57] Jescheck / Weigend, Strafrecht AT, § 55, S. 578.
[58] Wessels / Beulke, Strafrecht AT, Rn. 674f.; Joecks, Studienkommentar StGB, § 222, Rn. 20f.

Dafür müsste der Irrtum subjektiv voraussehbar gewesen sein. Dies liegt vor, wenn der Täter nach seinen persönlichen Verhältnissen und Fähigkeiten in der Lage gewesen ist, die tatsächlichen Qualitäten seines Handelns oder dessen verbotenen Erfolg zu erkennen[59]. Als C auf B traf, hätte sie nach ihrem allgemeinen Erfahrungswissen die Gefährlichkeit ihrer Handlung überprüfen und den Irrtum erkennen müssen. Somit war der Irrtum subjektiv voraussehbar.

Außerdem müsste der Irrtum subjektiv vermeidbar gewesen sein. Unter subjektiver Vermeidbarkeit versteht man, dass der Erfolg nach den Vorstellungen des Täters auch bei pflichtgemäßem Alternativverhalten eingetreten wäre. Der Irrtum wäre nicht eingetreten, hätte C die Tatsituation genauer betrachtet und somit erkannt, dass eine Rettungsaktion vorlag. Folglich ist der Irrtum subjektiv vermeidbar gewesen und somit C subjektiv vorwerfbar.

2. Subjektiver Fahrlässigkeitsmaßstab

Weiterhin müsste C ein potentielles Unrechtsbewusstsein bezüglich des Irrtums gehabt haben. Dies ist der Fall, wenn der zurechnungsfähige Täter im konkreten Falle die Möglichkeit gehabt hat, das Unrecht seines Tuns zu erkennen[60]. C hätte die Handlungen des B nur genauer studieren müssen, um ihre ungerechtfertigte Notwehrhandlung zu erkennen. Folglich liegt potentielles Unrechtsbewusstsein vor.

IV. Strafantrag gemäß § 230 I StGB

Ein Strafantrag gemäß § 230 I ist gestellt.

V. Ergebnis

C hat sich wegen fahrlässiger Körperverletzung gem. § 229 strafbar gemacht.

Nunmehr ist die Strafbarkeit des B zu prüfen. Da der Hund kein Mensch ist, sind Tötungsdelikte überhaupt gar nicht erst anzuprüfen.

3. Teil: Strafbarkeit des B

A. Strafbarkeit gemäß § 303 StGB

B könnte sich gemäß § 303 der Sachbeschädigung strafbar gemacht haben, indem er den Hund der C mit dem Ast tötete.

I. Tatbestandsmäßigkeit

B müsste tatbestandsmäßig gehandelt haben.

---

[59] Schönke / Schröder - Cramer/Sternberg-Lieben, § 15, Rn. 199; Lackner / Kühl, § 15, Rn. 49.
[60] Maurach / Zipf, Strafrecht AT 1, § 22 I, Rn. 11.

1. Objektiver Tatbestand

Zunächst müsste B durch das Schlagen mit dem Ast eine fremde Sache zerstört haben.

a) Fremde Sache

Sachen sind alle körperlichen Gegenstände[61]. Fraglich ist allerdings, ob auch Tiere unter den Begriff einzuordnen sind oder ob § 90 a BGB diesem aufgrund des Analogieverbotes im Wege steht.

Zum einen wird darauf abgestellt, dass die strafrechtlichen Begriffe grundsätzlich selbständig vom Zivilrecht sind und daher nach Sinn und Funktion des jeweiligen Strafrechtsatzes zu interpretieren sind[62].Somit ist der Sachbegriff im Strafrecht von der Definition des § 90 a BGB nicht betroffen.

Zum anderen wird so argumentiert, dass die Entsprechungsklausel des § 90 a BGB nicht dem Analogieverbot von Art. 103 II GG zuwiderläuft, denn der Gesetzgeber bezweckte den Schutz der Tiere und keine Strafbarkeitseinschränkungen[63]. Ein Tier ist also als Sache i.s.d. § 303 zu verstehen. Der Schäferhund ist ein Tier und somit eine Sache.

Fremd ist eine Sache, wenn sie nicht im Alleineigentum des Täters steht und nicht herrenlos ist[64]. C ist Eigentümerin des Hundes, folglich liegt eine fremde Sache für B vor.

b) Zerstörung

Des Weiteren müsste B diese fremde Sache zerstört haben. Unter Zerstörung einer Sache versteht man eine so wesentliche Beschädigung, dass ihre Gebrauchstauglichkeit völlig aufgehoben wird[65]. Der Hund verendet nach dem Schlag, den B mit dem Ast tätigte. Seine „Gebrauchstauglichkeit" ist dadurch völlig aufgehoben worden, folglich liegt eine Zerstörung einer Sache vor. Somit ist der objektive Tatbestand erfüllt.

2. Subjektiver Tatbestand

B müsste vorsätzlich gehandelt haben. Er hätte also wissen müssen, dass er eine fremde Sache zerstört. Als er den Hund der C erschlug, war er sich darüber bewusst, dass er eine fremde Sache zerstört. Folglich liegt Vorsatz vor und der subjektive Tatbestand ist gegeben.

---

[61] Schönke / Schröder - Stree, § 303, Rn. 3.
[62] Küper, JZ 1993, 435, 441.
[63] Schlüchter, JuS 1993, 14, 19.
[64] Schönke / Schröder - Stree, § 303, Rn. 4.
[65] Tröndle / Fischer, § 303, Rn. 14; Schönke / Schröder - Stree, § 303, Rn. 11.

II. Rechtswidrigkeit

1. Defensivnotstand § 228 BGB

Vom defensivem Notstand ist der aggressive Notstand gemäß § 904 BGB zu unterscheiden

Das Handeln des B könnte aber gerechtfertigt sein. Als Rechtfertigungsgrund könnte der Defensivnotstand gemäß § 228 BGB vorliegen.

Danach besteht eine Eingriffsbefugnis, wenn sich die Eingriffshandlung gegen die Sache richtet, von der die Gefahr ausgeht[66]. Vorliegend müsste die Gefahr von einer fremden Sache ausgehen. Der Hund der C ist scharf abgerichtet und gehorcht den Kommandos seiner Herrin. Erst auf ihr Zeichen hin beisst er B. Die eigentliche Gefahr geht also nicht vom Hund, sondern von C aus. Somit besteht keine Eingriffsbefugnis für B, mithin greift der Defensivnotstand gemäß § 228 BGB nicht.

2. Notwehr § 32 StGB

Es könnte aber Notwehr gemäß § 32 in Betracht kommen.

a) Notwehrlage

Voraussetzung dafür ist ein gegenwärtiger, rechtswidriger Angriff.

*Hier ein Beispiel für eine sehr **dürftige Subsumtion!** Es werden die Tbm. genannt und definiert, der SV zitiert, aber die eigentliche Subsumtion – die Begründung **warum** das Tbm. durch diesen SV erfüllt ist – fehlt fast völlig!*

Ein Angriff ist die unmittelbare Bedrohung rechtlich geschützter Güter durch menschliches Verhalten[67]. Ein menschlicher Angriff kann auch bejaht werden, wenn ein Tier als Angriffsmittel benutzt wird[68]. Gegenwärtig ist der Angriff der unmittelbar bevorsteht, begonnen hat oder noch fortdauert[69]. Er ist rechtswidrig, wenn er den Bewertungsnormen des Rechtsobjekts zuwiderläuft und nicht durch einen Erlaubnissatz gedeckt ist[70]. Schuldhaft braucht der Angriff nicht zu sein. C hetzt ihren Hund als Angriffsmittel auf B. Der Hund verbeißt sich sofort in dessen Arm. Es bestand für diese Aktion kein Rechtfertigungsgrund, folglich liegt ein gegenwärtiger, rechtswidriger Angriff vor.

b) Notwehrhandlung

Die Notwehrhandlung des B müsste geeignet, objektiv erforderlich, normativ geboten und vom Verteidigungswillen getragen sein.

Zur Verteidigung ist jede Abwehrmaßnahme geeignet, die nach dem Notwehrrecht sinnvoll ist[71]. Der Hund hat sich in den Arm von B verbissen. B war somit in seiner Handlungsweise eingeschränkt.

---

[66] Eser, Strafrecht III, 61.
[67] Schönke / Schröder – Lenckner/Perron, § 32, Rn. 3.
[68] Tröndle / Fischer, § 32, Rn. 6.
[69] BGH NJW 73, 255, 255.
[70] Wessels / Beulke, Strafrecht AT, Rn. 331.
[71] Warda, Jura 1990, 344, 393; Wessels / Beulke, Strafrecht AT, Rn. 335.

Der Schlag mit dem Ast war für B die einzige Verteidigungsmöglichkeit und war daher sinnvoll.

Erforderlich ist alles, was zu einer wirksamen Verteidigung gehört, eine möglichst sofortige Beendigung des Angriffs erwarten lässt und die endgültige Beseitigung des Angriffs erwarten lässt[72]. Die Erforderlichkeit ist weiterhin objektiv und ex ante zu bestimmen[73]. Dadurch, dass B den Hund schlug, ließ dieser von ihm ab, und die Gefahr war beseitigt. Auch ein objektiver Dritter hätte in dieser Lage nicht anders handeln können. Damit ist Erforderlichkeit gegeben.

Des Weiteren darf die Abwehrhandlung, um normativ geboten zu sein, nicht im krassen Missverhältnis zu der aus dem Angriff drohenden Verletzung stehen. B wollte durch den Schlag den Hund dazu bringen von ihm abzulassen, um so weiteren schweren Bissverletzungen zu entgehen. Nach der allgemeinen Verkehrsanschauung ist die körperliche Unversehrtheit eines Menschen höher zu stellen, als die eines Hundes. Somit lag kein Missverhältnis vor, und die Handlung war normativ geboten. Verteidigungswille setzt die Kenntnisse der rechtfertigenden Sachlage voraus sowie das Handeln aufgrund dieser Befugnis. Dies lag bei B vor. Folglich lag eine geeignete, objektiv erforderliche, normativ gebotene Notwehrhandlung, getragen vom Verteidigungswillen, vor. Mithin liegt Notwehr gemäß § 32 vor, und das Handeln des B ist gerechtfertigt.

III. Ergebnis

B hat sich nicht wegen Sachbeschädigung gemäß §303 strafbar gemacht.

B. Strafbarkeit gemäß §§ 223 I, 226 StGB

B könnte sich wegen schwerer Körperverletzung gemäß §§ 223 I, 226 I Nr. 1 strafbar gemacht haben, indem er C mit dem Stock einen Schlag auf den Kopf gab.

I. Tatbestandsmäßigkeit § 223 I

1. Objektiver Tatbestand

B müsste die C körperlich misshandelt oder an der Gesundheit beschädigt haben.

B schlug C mit einem Ast auf den Kopf, woraufhin sie zu Boden ging. Ihr Wohl- befinden wurde dadurch nicht unerheblich beeinträchtigt. Weiterhin erlitt C durch den Sturz eine Augenverletzung und damit einen pathologischen Zustand. Somit liegen eine körperliche Misshandlung und eine Gesundheitsbeschädigung vor. Beide

---

[72] Wessels / Beulke, Strafrecht AT, Rn. 335.
[73] BGH NJW 1989, 3027, 3028; Wessels / Beulke, Strafrecht AT, Rn. 337.

Modalitäten wurden durch den Schlag kausal verursacht und sind dem B zurechenbar. Der objektive Tatbestand ist somit erfüllt.

2. Subjektiver Tatbestand

B müsste vorsätzlich gehandelt haben. B wusste, dass er durch den Schlag in C ein körperliches Unwohlsein hervorruft und ihre Gesundheit beschädigt. Somit handelte er vorsätzlich, und der subjektive Tatbestand liegt vor.

II. Rechtswidrigkeit

Die Handlung des B könnte gerechtfertigt sein. Als Rechtfertigungsgrund könnte Notwehr gemäß § 32 in Betracht kommen. Dafür müsste ein Angriff vorliegen. Als B der C den Schlag auf den Kopf gab, war der Schäferhund bereits verendet, und weder von ihm noch von C ging eine Bedrohung aus. Folglich lag kein Angriff und damit keine Notwehr vor. Mithin ist das Handeln des B rechtswidrig.

III. Schuld

Möglicherweise handelte B aber nicht schuldhaft. Als Entschuldigungsgrund könnte Notwehrüberschreitung gemäß § 33 vorliegen. Hier unterscheidet man zwischen intensivem und extensivem Exzess.

Allgemein anerkannt ist es, dass § 33 auf den intensiven Notwehrexzess Anwendung findet[74]. Dieser liegt vor, wenn der Angegriffene sich in einer wirklich vorliegenden Notwehrsituation intensiver als erforderlich verteidigt. Hier liegt jedoch keine wirkliche Notwehrsituation mehr vor, somit auch kein intensiver Notwehrexzess.

Es könnte ein extensiver Notwehrexzess vorliegen. Es ist jedoch strittig, ob dieser nach § 33 geregelt werden kann. Der eine Teil der Rechtslehre stellt darauf ab, dass der extensive Notstand auch nach §33 geregelt werden kann, denn aus dem Gesetzeswortlaut erfolge die Beschränkung nicht[75], und ob der Täter die Grenzen einer rechtmäßigen Verteidigung in der Intensität oder in der zeitlichen Hinsicht überschreitet, mache keinen grundsätzlichen Unterschied[76].

Der andere Teil ist der Ansicht, dass die Anwendung des § 33 in diesem Falle ausgeschlossen sei, da die unrechtsmindernde Wirkung der Notwehrlage nicht gegeben ist[77]. Denn § 33 baut auf § 32 auf und setzt also eine tatsächliche und nicht nur angenommene Notwehrlage voraus[78]. Eine Entscheidung ist hier aber nicht relevant.

---

[74] Otto, Grundkurs Strafrecht AT, § 14, Rn. 19.
[75] Schönke / Schröder - Lenckner, § 33, Rn. 7.
[76] Roxin, Strafrecht AT, § 22, Rn. 88; Schönke / Schröder - Lenckner, § 33, Rn. 7.
[77] Jescheck / Weigend, Strafrecht AT, § 45 II 4, S. 493.
[78] Maurach / Zipf, Strafrecht AT, § 34, Rn. 27.

Denn der extensive Notwehrexzess liegt vor, wenn der Täter wegen eines asthenischen Affektes die zeitlichen Grenzen der Notwehr überschreitet[79]. Diese asthenischen Affekte können Verwirrung, Furcht oder Schrecken sein. Sthenische Affekte wie Haß, Zorn und Empörung kommen hierfür nicht in Betracht, auch dann, wenn sie gleichfalls zu einem Zustand der Verwirrung führen[80]. B schlug C nieder, weil er so aufgebracht darüber war, dass sie den Hund völlig ungerechtfertigt auf ihn hetzte. Die Handlung beruht demnach nicht auf einem asthenischen Affekt, sondern auf einem sthenischen. Folglich liegt kein extensiver Notwehrexzess vor, mithin ist auch kein Entschuldigungsgrund gegeben. B handelt also schuldhaft.

IV. Tatbestand § 226

Des Weiteren müsste der Tatbestand des § 226 vorliegen.

1. Eintritt und Verursachung des qualifizierenden Erfolges

Zur Qualifikation ist erforderlich, dass eine schwere Verletzungsfolge vorliegt. Unter einer schweren Verletzungsfolge ist u.a. ein Verlust des Sehvermögens auf einem oder beiden Augen zu verstehen.[81] Der Verlust ist eingetreten, wenn der Zustand chronisch ist[82]. C erblindet auf dem linken Auge, mithin liegt eine schwere Verletzungsfolge vor.

2. Unmittelbare Realisierung

Des Weiteren müsste sich die aus dem Grunddelikt spezifisch anhaftende Gefahr unmittelbar im qualifizierenden Erfolg realisiert haben. Durch den Schlag stürzte C, so dass sie eine Augenverletzung erlitt, aufgrund derer sie erblindete. Folglich hat sich die Gefahr des Grunddelikts unmittelbar realisiert.

3. Objektive Fahrlässigkeit

B müsste objektiv fahrlässig bezüglich der schweren Körperverletzung gehandelt haben.

Die Sorgfaltspflichtverletzung ist schon in der vorsätzlichen Tathandlung enthalten, soweit es um das Außerachtlassen der im Verkehr erforderlichen Sorgfalt und die objektive Zurechnung geht[83], und muss daher nicht erörtert werden.

a) Objektive Voraussehbarkeit

Der besondere Taterfolg und der tatspezifische Gefahrenzusammenhang müssten für B objektiv voraussehbar gewesen sein. B versetzte

Erneut unzulässige Darstellung mit **urteilsmäßiger Gedankenführung!** Dass eine Entscheidung nicht erforderlich ist, ist das Ergebnis der nachfolgenden Darstellung - umgekehrt wird es Gutachten. **Hier:** den letzten Satz auf S.126 streichen und dann oben ohne "Denn" beginnen...das Ergebnis steht als Folgerung doch sowieso schon am Ende des Absatzes!

Diese Formulierung wird hier wiederholt genutzt – etwas mehr sprachliche Vielfalt wäre angebracht. Z.B.: .. ferner; außerdem; zudem; schließlich...

---

[79] Roxin, Strafrecht AT, § 22, Rn. 85.
[80] Schönke / Schröder - Lenckner, § 33, Rn. 4.
[81] Tröndle / Fischer, § 226, Rn. 2a.
[82] Tröndle / Fischer, § 226, Rn. 8.
[83] Wessels / Beulke, Strafrecht AT, Rn. 693.

der C einen kräftigen Schlag, so dass sie fiel und sich eine Augenverletzung zuzog. Dass Augenverletzungen nach Stürzen zu Erblindungen führen können, liegt nicht außerhalb der allgemeinen Lebenserfahrung. Folglich waren die Folgen und der Gefahrenzusammenhang für B objektiv voraussehbar.

b) Abweichen des tatsächlichen vom sorgfaltsgerechten Verhalten

Ferner müsste das Verhalten des B vom sorgfaltsgerechten Verhalten abweichen. Er könnte fahrlässig gehandelt haben. B lässt die im Verkehr erforderliche Sorgfalt außer Acht und verwirklicht den Tatbestand der schweren Körperverletzung ohne dies zu erkennen. Er handelt daher unbewusst fahrlässig, somit weicht sein Verhalten vom sorgfaltsgerechten ab. Damit hat B objektiv fahrlässig gehandelt.

4. Subjektive Fahrlässigkeit

Es müsste subjektive Fahrlässigkeit hinsichtlich der schweren Folge vorliegen.

Hierfür müssten die besondere Folge und der deliktstypische Gefahrenzusammenhang für B subjektiv voraussehbar gewesen sein. Als B die C kräftig schlug, war es ihm nach seinem allgemeinen Erfahrungswissen möglich zu erkennen, dass C fallen, sich eine Augenverletzung zuziehen und dadurch erblinden könnte. Somit war die schwere Folge für ihn subjektiv voraussehbar. Folglich liegt subjektive Fahrlässigkeit vor.

V. Ergebnis

B hat sich wegen schwerer Körperverletzung gemäß § 223 I, 226 strafbar gemacht.

C. Strafbarkeit gemäß §§ 223 I, 224 StGB

B könnte sich der gefährlichen Körperverletzung gemäß §§ 223 I, 224 strafbar gemacht haben, indem er C mit dem Stock schlug. B misshandelt C körperlich und beschädigt ihre Gesundheit mittels eines gefährlichen Werkzeugs. Es bedarf hier jedoch keiner näheren Erörterung. § 224 steht in Gesetzeskonkurrenz zu § 226 und wird daher verdrängt[84].

D. Endergebnis

B hat sich wegen schwerer Körperverletzung nach § 224 strafbar gemacht.

- Ende der Bearbeitung -

---

[84] Tröndle / Fischer, § 224, Rn. 16.

Literaturverzeichnis

Amelung, Knut	Das Problem der heimlichen Notwehr gegen die erpresserische Androhung kompromittierender Enthüllungen, in GA 1982, 381ff.
Arzt, Gunther	Notwehr gegen Erpressung, in MDR 1965, 344f.
Baumann, Jürgen / Weber, Ulrich Mitsch, Wolfgang	Strafrecht Allgemeiner Teil, 11. Auflage, Bielefeld 2003.
Baumann	§ 53 StGB als Mittel der Selbstjustiz gegen Erpressung?, in MDR 1965, 346f.
Beling, Ernst v.	Grundzüge des Strafrechts 11. Auflage, Tübingen 1930
Blei, Hermann	Strafrecht Allgemeiner Teil, Band I, 18. Auflage, München 1983.
Blei, Hermann	Strafrecht Besonderer Teil, Band II, 12. Auflage, München 1983.
Bloy, Rene	Zurechnungsstrukturen des Rücktritts vom beendeten Versuch und Mitwirkung Dritter an der Verhinderung der Tatvollendung, in JuS 1987, 528ff.
Bockelmann, Paul	Strafrecht Besonderer Teil II, 2. Auflage, München 1982.
Burkhardt, Björn	Der Rücktritt als Rechtsfolgenverweisung Berlin 1975
Ebert, Udo / Kühl, Kristian	Kausalität und objektive Zurechnung, in Jura 1979, 561ff.
Engisch, Karl	Untersuchungen über Vorsatz und Fahrlässigkeit im Strafrecht, 2. Auflage, Berlin / Aalen 1964.
Eser, Albin	Juristischer Studienkurs Strafrecht III, 2. Auflage, München 1981.
Freund, Georg	Strafrecht Allgemeiner Teil Berlin 1998
Geerds, Detlev	Der vorsatzausschließende Irrtum in Jura 1990, 421 ff.
Geilen, Gerd	Zur Abgrenzung zwischen beendetem und unbeendetem Versuch, in JZ 1972, 335ff.
Grünewald, Gerald	Der Versuch des unechten Unterlassungs- delikts, in JZ 1959, 46ff.
Gutmann, Alexander Peter	Die Freiwilligkeit beim Rücktritt vom Versuch Und bei der tätigen Reue Hamburg 1963 in JuS 1980, 714ff.
Haft, Fritjof	Strafrecht Allgemeiner Teil, 9. Auflage, München 2004.

Haug, Winfried	Notwehr gegen Erpressung, in MDR 1964, 548ff.
Herzberg, Rolf	Der Versuch beim unechten Unterlassungsdelikt, in MDR 1973, 89ff.
Herzberg, Rolf	Problemfälle des Rücktritts durch Verhindern der Tatvollendung, in NJW 1989, 862ff.
Herzberg, Rolf	Zum Grundgedanken des § 24 StGB, in NStZ 1989, 49ff.
Hirsch, Hans - Joachim	Anmerkung zum BGH - Urteil vom 15.05.1979, in JR 1981, 255ff.
Hirsch, Hans - Joachim	Gefahr und Gefährlichkeit, in Strafgerechtigkeit - Festschrift für Arthur Kaufmann zum 70. Geburtstag, 545, Heidelberg 1993.
Jakobs, Günther	Strafrecht Allgemeiner Teil, Die Grundlagen und die Zurechnungslehre, 2. Auflage, Berlin 1993 (Nachdruck).
Jakobs, Günther	Die Bedeutung des Versuchsstadiums für die Voraussetzungen eines strafbefreienden Rücktritts – BGH, NJW 1980, 195
Jescheck, Hans - Heinrich / Weigend, Thomas	Lehrbuch des Strafrechts, Allgemeiner Teil, 5. Auflage, Berlin 1996.
Joecks, Wolfgang	Studienkommentar StGB 8. Auflage, München 2009
Kaufmann, Armin	Die Dogmatik der Unterlassungsdelikte, Göttingen 1959.
Kienapfel, D.	Anmerkung zu BGH v. 3.12.1982 / 2 Str. 550/82 (=BGHSt 31, 170), in JR 1984, 72ff.
Kratzsch, Dietrich	Der Angriff, Schlüsselbegriff des Notwehrrechts, in StV 1987, 224ff.
Krey, Volker	Strafrecht Besonderer Teil, Band I, 14. Auflage, Stuttgart 2008.
Kühl, Kristian	Strafrecht Allgemeiner Teil, 6. Auflage, München 2006.
Küper, Wilfried	Die Sache mit den Tieren oder sind Tiere strafrechtlich noch Sachen, in JZ 1993, 435ff.
Küper, Wilfried	Die Aussetzung als konkretes Gefährdungsdelikt, in JA 1994, 513ff.
Küper, Wilfried	Anmerkung zu BGH v. 3.12.1982 / 2 Str. 550/82 (=BGHSt 31, 170), in JZ 1983, 264ff.
Lackner, Karl Kühl, Christian	Strafgesetzbuch, 26. Auflage, München 2007.
Leipziger Kommentar	Kommentar zum StGB, §§ 1 – 31, 12. Auflage, Berlin 2007 §§ 32 – 60, 12. Auflage, Berlin 2006 §§ 146 – 222, 11. Auflage, Berlin 2005 §§ 223 – 263 a, 11. Auflage, Berlin 2005

Lilie, Hans	Garantenstellung für nahestehende Personen, in JZ 1991, 541ff.
Lönnies, Otward	Rücktritt und tätige Reue beim unechten Unterlassungsdelikt, in NJW 1962, 1950ff.
Marxen, Klaus	Die „sozialethischen" Grenzen der Notwehr, Frankfurt a.M. 1979.
Maiwald, Manfred	Das Erfordernis des ernsthaften Bemühen beim fehlgeschlagenen oder beendeten Versuch (§ 24 I S. 2 StGB), in FS für E.A. Wolff, Berlin, Heidelberg, New York 1998
Maurach, Reinhart / Zipf, Heinz	Strafrecht Allgemeiner Teil, 8. Auflage, Karlsruhe 1992.
Maurach, Reinhart / Gössel, Karl Heinz / Zipf, Heinz	Strafrecht Allgemeiner Teil, Band II, 7. Auflage, Karlsruhe 1989.
Maurach, Reinahrt / Schröder, Friedrich Christian Maiwald, Manfred	Strafrecht, Besonderer Teil, Bd.1, 9. Auflage, Heidelberg 2003.
Mayer, Hellmuth	Strafrecht Allgemeiner Teil, Stuttgart 1967
Mezger, Edmund / Blei, Hermann	Strafrecht Allgemeiner Teil, 16. Auflage, München 1975.
Otto, Harro	Grundkurs Strafrecht, 7. Auflage, Berlin 2005.
Otto, Harro	Die Anstiftung, in JuS 1982, 557ff.
Otto, Harro	Die Mordmerkmale in der höchstrichterlichen Rechtsprechung, in Jura 1994, 141ff.
Otto, Harro	Straftaten gegen das Leben, in ZStW 83, 39ff.
Pfeiffer, Gerd / Maul, Heinrich / Schulte, Benno	Kommentar anhand der Rechtsprechung, Essen 1969.
Rudolphi, Hans - Joachim	Rücktritt vom vollendeten Versuch durch erfolgreiches, wenn gleich optimales Rettungsbemühen, in NStZ 1989, 508ff.
Roxin, Claus	Über den Rücktritt vom unbeendeten Versuch, in FS für Ernst Heinitz zum 70. Geburtstag, 251ff., Berlin 1972.
Roxin, Claus	Täterschaft und Tatherrschaft, 8. Auflage, Berlin 2006.
Roxin, Claus	Strafrecht Allgemeiner Teil, Band I, Grundlagen, 4. Auflage, München 2006.
Roxin, Claus	Die Mittäterschaft im Strafrecht, in JA 1979, 517ff.
Roxin, Claus	Anmerkung zu BGHSt 11, 268, in JZ 1991, 678f.

Roxin, Claus	Die sozialethischen Grundsätze des Notwehr-rechts, in NStW 93, 69ff.
Roxin, Claus	Pflichtwidrigkeit und Erfolg bei fahrlässigen De-likten, n ZStW 74 (1962), 411 ff.
Schlüchter, Ellen	Grundfälle zur Lehre von der Kausalität, in JuS 1976, 312ff.
Schlüchter, Ellen	Zur Abgrenzung von Tatbestands- und Verbotsirr-tum, in JuS 1993, 14ff.
Schmidhäuser, Eberhard	Strafrecht Allgemeiner Teil, 2. Auflage, Tübingen 1984.
Schmidhäuser, Eberhard	Strafrecht Besonderer Teil, 2. Auflage, Tübingen 1983.
Schmidhäuser, Eberhard	Die Gesinnungsmerkmale im Strafrecht, Tübingen 1958.
Schönke, Adolf / Schröder, Horst	Kommentar zum StGB, 27. Auflage, München 2006.
Schröder, Horst	Grundprobleme des Rücktritts vom Versuch, in JuS 1962, 81ff.
Schroeder, Friedrich Christian	Grundgedanke der Mordmerkmale, in JuS 1984, 275ff.
Schroth, Ulrich	Notwehr bei Auseinandersetzung in engen persön-lichen Beziehungen, in NJW 1984, 2562ff.
Spendel, Günther	Keine Notwehreinschränkung unter Ehegatten, in JZ 1984, 507ff.
Spendel, Günther	Heimtücke und gesetzliche Strafe bei Mord, in JR 1983, 269ff.
Stoffers, Kristian F.	Mittäterschaft und Versuchsbeginn, in MDR 1989, 208ff.
Suppert, Hartmut	Studien zur Notwehr und „notwehrähnlichen" Lage, Bonn 1973.
Systematischer Kommentar	Kommentar zum StGB, Allg. Teil §§ 1–37; Stand Nov. 2005 Bes. Teil, §§ 201-266b; Stand Mrz. 2007
Tenckhoff	Anmerkung zum BGH - Urteil, in JR 1981, 255ff.
Tröndle, Herbert Fischer, Thomas	Strafgesetzbuch Kommentar, 56. Auflage, München 2009.
Ulsenheimer, Peter	Grundfragen des Rücktritts vom Versuch in Theo-rie und Praxis, Berlin 1976.
Ulsenheimer, Peters	Erfolgsrelevante und erfolgsneutrale Pflichtver-letzung im Rahmen der Fahrlässigkeitsdelikte in JZ 1969, 364ff.
Warda, Günter	Tatherrschaft, in FS für Günter Blau, S. 159ff. Berlin, New York 1985.
Welzel, Hans	Das deutsche Strafrecht, 11. Auflage, Berlin 1969.

Wessels, Johannes
Beulke, Werner

Strafrecht Allgemeiner Teil,
38. Auflage, Heidelberg 2008.

Wessels, Johannes
Hettinger, Michael

Strafrecht Besonderer Teil I,
32. Auflage, Heidelberg 2008.

Stichwortverzeichnis

Die Reihe 25 FÄLLE

- Band 1 - BGB - AT
- Band 2 - BGB Schuldrecht
- Band 3 - BGB Sachenrecht
- Band 4 - Verwaltungsrecht
- Band 5 - Strafrecht - AT
- Band 6 - Strafrecht - BT
- Band 7 - Staatsorganisationsrecht
- Band 8 - Grundrechte

Die Reihe STREITSTÄNDE Kompakt

- Band 1 - Strafrecht AT
- Band 2 - Strafrecht BT
- Band 3 - BGB Allgemeiner Teil / Schuldrecht AT
- Band 4 - BGB Schuldrecht BT
- Band 5 - BGB Sachenrecht
- Band 6 - Verwaltungsrecht
- Band 7 - Staatsrecht

sowie die SONDERTITEL

60 GRUNDFÄLLE zum SCHULDRECHT

SCHULDRECHT kompakt

Leitentscheidungen zum EUROPARECHT

Grundkurs Insolvenzrecht

WIRTSCHAFTSWISSENSCHAFTLICHE GRUNDKURSE

- Makroökonomik
- Mikroökonomik
- Finanzierung
- Kostenrechnung
- Buchführung
- Übungsbuch Kostenrechnung